먼지 쌓인 메모

먼지 쌓인 메모

먼지 쌓인 메모

2015년 1월 20일 초판 발행
지은이 | 김 영 준
발행인 | 김 수 곤
발행처 | 도서출판 선교횃불(ccm2u)
　　　　　전화: (02) 2203-2739
　　　　　팩스: (02) 2203-2738
등록일 | 1999년 9월 21일 제54호
등록주소 | 서울시 송파구 삼전동 103번지
홈페이지 | www.ccm2u.com

먼지 쌓인 메모

김영준 에세이

신교횃불

일생의 교훈과 지혜를 남긴다

누구나 한 인생을 살아가면서 온갖 희로애락을 경험한다. 그리고 모든 경험에는 교훈과 지혜의 보물이 들어 있다. 이 보물들을 보지 못하고 사는 사람이 있는가 하면, 발견하고도 그냥 묻어 두는 사람이 있고, 또 이 책을 펴낸 저자처럼 발견하고 누리며 나누는 사람이 있다.

이야기의 주인공은 다르지만 삶의 내용들은 거의 비슷하다. 시대와 지역, 상황과 대상, 품성과 능력, 지식과 지혜의 차이, 그리고 세계관과 가치체계에는 다소의 차이가 있지만 인생에서 벌어지는 사건의 종류에는 별로 큰 차이가 없을 것이다. 그러나 각자가 발견한 교훈과 훈련의 결과는 사람에 따라 크게 다를 수 있다.

삶의 목표가 외형적으로 드러나는 재산, 명예, 권력, 인기일 수도 있고 내형적인 지혜의 보물일 수도 있다. 외형적인 재산은 그 모은 재산을 유익하게 사용하는 지혜가 있을 경우에는 커다란 가치가 있지만 재산을 쌓아놓기만 한다면 아무 소용이 없게 된다.

사람은 누구나 하루에 세끼를 먹고 한 번에 한 벌의 옷과 한 켤레의 구두를 신을 수 있을 뿐이다. "내가 누군 줄 알아?"라고 과시하는 정도라면 명예도 잠시뿐 부끄러운 명예가 되거나 시간과 함께 그 사람의 이름도 기억하지 못하게 될 것이다. 한국과 같은 사회에서는 때로는 명예를 추구하는 과정 때문에 그 동안 쌓아 놓은 모든 것을 다 잃고 패가망신하는 경우를 우리는 흔히 보고 있다. 권력의 무상함을 한국만큼 뼈저리게 느끼는 나라도 흔하지 않다. 때로는 비참하다. 인기도 바람을 잡는 것과 같다. 사람들이 집착하는 많은 것들이 "헛되고 헛된 것"들임을 경험하며 허탈감을 느낀다.

3천 년 전 지혜자라 불리던 솔로몬 왕의 고백이 가슴에 와 닿는다. "헛되고 헛되니 모든 것이 헛되도다." 이 말은 아무 것도 아니라는 뜻이 아니고 영원히 붙잡을 수 없는 것이란 의미이다. 한 인생을 살아본 사람이라면 공감할 수 있다.

그러나 인생의 모든 여건과 상황에서 터득한 내면적 지혜와 교훈들은 그 사람의 인품을 성숙하게 만들어 준다. 아무도 빼앗아 갈 수 없는 내적 보물이 쌓인다. 선한 지혜는 삶의 기쁨과 평화, 보람과 만족을 제공해 준다. 이 책에는 저자가 어려서부터 감당하기 어려운 환경에서 출발했지만 그 모든 도전을 통해 인생의 교훈과 지혜의 벽돌을 한 장씩 차곡차곡 쌓아 아름다운 건물을 건축한 이야기들이 모여 있다.

누구나 경험하는 과정들이지만 그 과정을 그냥 지나치지 않고 그 때마다 기록해 놓으면서 얻은 교훈과 지혜를 보물처럼 모아 인생의 부자로 결승점을 향해 기쁨과 희망을 갖고 달려가는 이야기가 담겨 있다. 이 세상에는 터득한 삶의 지혜를 혼자 안고 떠나버리는 사람들이 많이 있지만, 저자는 지나온 삶을 하나씩 기록하고 반추하여 인생을 정리하고 어렵게 배운 소중한 지혜들을 모아 솔로몬처럼 인생의 결론을 정리하고 있으며 인생의 궁극적 대답도 찾았다.

누구나 한 인생을 살아가고 있는데, 저자처럼 생각하고 관찰하고 정리하며 결론을 찾아 한 권의 책에 남겨 놓는 것은 자신과 가족들과 독자들에게 큰 유익을 줄 수 있다. 후대를 위한 자신의 '성경'을 기록한 것과 같은 것이다. 한 인생을 통해 우리에게 허락하신 교훈과 지혜들을 그냥 혼자만 갖고 훌쩍 떠나는 것은 너무 아깝다. 이 책을 통해 그 동안 얻은 보물들을 나누는 노력은 쉬운 일은 아니나 고마운 수고라 생각하며 감사를 드린다. 집집마다 "가정의 성경"을 한 권씩 써서 후손들에게 남겨줄 것을 권하고 싶다.

2014년 12월
김상복, 할렐루야교회 원로목사
횃불트리니티신대원대학교 총장

인생을 살면서 가장 중요한 것이 만남이라면, 나에게 허락된 축복 중 이 책의 저자를 만나게 된 사실을 빼놓을 수 없다. 저자는 할렐루야교회의 시무 장로로서 은퇴하기 전 마지막 2년 동안 교회의 전체 행정을 책임지고 맡아 섬기신 분이다. 나는 그 때 가까이서 저자를 볼 수 있었고, 그 후부터 저자를 진심으로 존경하며 사랑하게 되었다. 그의 강직한 책임감과 신중한 의사결정은 나로 하여금 깊이 신뢰하게 하였고, 수많은 사적인 부탁을 받는 자리에서도 늘 부끄럼 없는 신앙의 양심과 원칙대로 대처하는 모습에서 많은 감동을 받았다.

저자는 알면 알수록 참 다정하고 애정이 깊은 분임을 확인하게 된다. 항상 바른 사고와 원칙을 갖고 이를 철저하게 지키는 분이라 처음엔 따뜻함보다도 준엄한 인상을 가질 수 있었다. 그러나 그의 중심엔 하나님과 이웃을 향한 진한 사랑이 있음을 알게 되었다. 그리고 나뿐 아니라 그와 함께 긴밀하게 일했던 교회 직원들로부터도 같은 피드백을 받았다. 자신들에게 철저한 업무를 요구하는 감독자이었지만 동시에 진심으로 자신들을 아끼고 위하는 상사였다고 그들은 고백하고 있다.

개인적으로 가장 크게 감동을 받았던 것은 그가 사역의 곤경으로 인해 건강을 크게 다치셨을 때였다. 그 일로 인해 어려운 수술을 받아야만 했고, 수술 후에는 얼굴근육 이상으로 오랫동안 얼굴이 손상되어 있는 상태였다. 그런 상황 가운데서도 자신에게 맡겨진 업무에 충성하기 위해 임기를 훌륭하게 마쳤다. 나는 그 모습을 지켜보면서 하나님 앞에서의 헌신이 무엇인지 다시 한 번 묵상해 보는 시간을 가질 수 있었다.

얼마 전 저자로부터 자신이 살아오면서 그동안 틈틈이 써 놓았던 글들을 정리하여 후손들을 위해 책을 내볼까 한다는 마음을 전달받았다. 그리고 그런 생각이 어떤지를 먼저 원본을 읽고 객관적으로 판단해 달라는 부탁이었다. 형식적으로 이런 부탁을 하는 분이 아닌 것을 나는 잘 알고 있었기에 원고 전체를 신중하게 읽어보았다. 읽은 후 결과는 책을 꼭 출간할 것을 권해 드리게 되었다. 참으로 유익하고 훌륭한 글이기 때문이다.

이 책을 읽게 되면 자신의 삶을 돌아보게 되며 세상을 새로운 눈으로 보게 한다. 시각을 넓혀 줄 뿐 아니라 패러다임을 바꿔 주며 그동안 잊고 살았던 것들을 다시 찾게 해준다. 창조주께서 허락하신 인생을 낭비하지 말아야겠다는 도전을 받게 되고, 사랑하며 살아야겠다는 자극을 얻게 된다.

일평생 하나님을 경외하며 따른 성도, 나라를 위해 충성한 공직자, 가정에서 훌륭한 롤 모델의 흔적으로 남겨진 이 책을 기쁨으로 적극 추천한다.

2014년도 겨울에,
김승욱, 할렐루야교회 담임목사

눈이 부셔 바로 볼 수 없던 태양이 붉게 타는 저녁노을로 검붉은 솜구름에 감싸여 서산을 넘을 때가 되면, 탄천을 가로지르는 다리 밑에서는 어느 백발 노신사의 색소폰에 묻어나는 옛 노래와 지나온 여정에 소소했던 이야기가 바쁘게 걷던 발길들을 멈추게 한다. 마른땅에 빗물이 스며들듯 눈시울을 적시고 박수치며 함께 웃는 소통(疏通)과 서로의 마음을 공유(共有)하는 모습에서 잠시의 쉼을 얻는다.

31살 되던 늦은 봄날, 친지를 만나기 위해 집을 나가셨던 아버지를 사연도 모른 채 시신으로 뵙게 되어 땅에 묻어드렸던 인생의 허무함이 있었다. 바쁘다고 피곤하다 하여 아버지의 삶을 공유하지 못했던 뒤늦은 아픔으로 수년 동안 주말이 되면 무덤을 찾아 기도드렸고, 나무 심고, 잔디 가꾸고, 꽃을 심었다. 이 세상에서 나를 가장 사랑한 사람, 내 평생을 위해 모든 것 아낌없이 내어주셨던 그 분이 내 곁을 떠났다는 상실감은 칠흑같이 어두운 밤 눈에 보이는 육신의 인도자를 잃었으며, 넘어졌을 때 다시 일으켜 세워줄 위로자가 없다는 절망의 외로움에서 자유로울 수가 없었다.

이른 아침 창문을 여니, 빨간 단풍도 노란 은행잎도 간밤에 조용히 내린 비를 머금고 낙엽이 되어 뿌리 위에 겹겹이 쌓여있고 나무들은 잿빛 속살을 횅하게 드러내어 수줍은 듯 허망한 인사를 건네고 있다. 이 땅을 살아가는 모든 생명에는 처음과 마지막이 있다. 마지막 인사는 언제나 "밤새 안녕" 하며 모든 것이 다 내 것이 아니라고, 내 것이 될 수 있는 것은 아무것도 없다고, 그래서 모든 것 다 내려놓고 미련 없이 땅으로 돌아간다는 인사를 남기면서, "만물은 언제나 밤새 안녕을 기억하며 살라" 한다.

나에게도 2년 전 "밤새 안녕"이 찾아 왔다. 눈으로 형체를 볼 수 없는 바이러스의 기습공격을 받았다. 평소 조심하며 주의하고 관리했던 부분이 아닌 엉뚱한 곳에 침입한 것이다. 9시간의 수술과 중환자실에서 23시간 동안 깨어나지 못하고 깊은 잠을 잤다. 나는 그 일이 지난 후부터 내 주변 정리에 많은 시간을 보내게 되었다. 나로 인해 쌓인 것들과 내가 갖고 있는 것들이 이토록 많았는지? 평소에는 인식하지 못했던 놀라움이 반복되었다. 버리고 정리하지 않으면 누군가에게 큰 짐을 남기게 된다는 중압감이었다.

살아오면서 보고 대하고, 생각하고 고민하며, 배우고 깨달았던 이야기들을 시도 때도 없이 몇 자씩 적어두었던 메모지가 이제는 지나간 낙서로 두툼한 먼지에 쌓여있다. 자랑거리가 될 수 없기에 소각하여 지우기를 계속하다가, 귀한 시간을 내어 산만했던 원고를 감수해 주신 두 분 목사님의 격려와, 한 장의 메모지도 남아 있지 않은 아버지 이야기에 대한 그리움이 마음을 바꾸게 하여 손에 잡힌 몇 개의 쪽지를 모아 지극히 작은 흔적으로 책을 엮게 되었다.

지나온 삶에 받은 달란트를 귀한 줄 모르고 소홀했던 모자람의 죄스러움과 좁은 시야로 넓게 보지 못했고 멀리 보지 못했던 부끄러움이 남아있지만, 부족한 내 모습 그대로 진솔하게 남기게 되는 이해와 관용을 구하게 된다.

이제 보니 제법 도톰하게 두꺼워진 내 나이테를 밀쳐내고 연하고 순하게 돋아나는 새순들이 제법 크게 보인다. 묵은 나이테가 된 나의 소망은 이 책을 접하는 새순들과 모든 이들이 무더운 날 메마른 땅을 걸어가는 길목에서 잠시 쉬어 갈 수 있는 그늘이 되어준다면, 나에게는 거친 파도를 지나 잠시 다녀가는 어느 길가에 지극히 작은 것 하나 두고 가는 기쁨과 감사가 될 것이다.

이 책으로 만나게 될 모든 이들과의 인연에 감사드리며, 확실한 인도자가 되시는 하나님의 손길이 따스하게 임하시길 예수님의 이름을 빌어 간절하게 기도드린다.

　　책의 출간을 위해 귀한 시간을 내어 격려와 용기, 그리고 추천의 글을 주신 김상복 목사님과 김승욱 목사님께 감사의 마음을 드리며, 원고 정리를 도와주신 백종관 팀장에게도 따뜻함을 드린다. 그리고 어려운 여건에서도 책이 나오도록 마음 써준 선교횃불 출판사에도 고마움을 전한다.

2014년 겨울
무지개마을에서
김 영 준

순서

1

지난날의 스케치

처음 탄 비행기 | 바라보는 행복 | 피카소의 게르니카

함께하는 삶 | 자폐증 | 옷장 | 새끼 돼지

살고 싶은 나라 | 제주 바다 샘

처음 탄 비행기

며칠 전에는 내 주변 정리를 위해 그동안 모아 두었던 앨범들을 들추다가 처음 외국에 나가 찍었던 사진들을 보면서 까마득히 잊었던 아픈 기억을 떠올리게 되었다.

1978년 12월 8일은 내가 출생 이후 처음 비행기를 타고 파리에서 개최되는 국제회의 참석을 위해 출장을 떠났던 날이다.

설렘과 두려움을 안고 서둘러 김포공항에 도착하여 수속을 마친 후 양 날개에 태극기가 선명하게 그려진 대한항공 비행기에 올라 자리를 잡고 앉으니 "이 비행기는 알래스카 앵커리지에 중간 기착하여 급유를 받은 후, 프랑스 파리에 있는 오를리 공항에 도착한다"는 방송이 있었다.

처음 타는 비행기가 나에게는 너무나 신기했다. 이 무거운 동체가 어떻게 공중에서 빨리 달릴 수 있는지, 행여 도중에 떨어지는 것은 아닌지, 내 가방은 잘 실려 가고 있는지, 비행기에서 제공되

는 음식을 만들고 있는 조리사는 어떤 사람들일까, 화장실의 대소
변은 어떻게 처리하는 것인지, 확인하고 싶은 궁금증이 너무 많았
다. 그리고 내일 아침 공항에 도착하게 되면 내 가방은 어떻게 찾
는 것인지, 예약한 호텔은 잘 찾아갈 수 있을지, 내 머리를 빈틈없
이 가득 메운 온갖 염려와 걱정이 실타래가 감기고 풀리듯 걱정과
불안이 반복되었다.

어제 밤에도 잠을 제대로 자지 못했는데, 또다시 온갖 걱정으로
인해 이렇게 뜬눈으로 밤을 지새우게 되면 어찌되는 것일까? 공항
도착 후의 일들에 대한 대비를 위해서는 잠을 제대로 자야 한다는
조급함에 안대를 받아 눈을 가리고 잠을 청해 보았지만 좁은 의자
에 박힌 몸이 자유롭지가 않아 쉽게 잠이 들지 않았다.

그러던 중 이게 무슨 일인가? 뒤쪽에서 몇 명의 어린아이 울음
소리가 내 신경을 예리하게 자극했다. 엎친 데 덮친 격이 되어 이
제는 잠자는 것을 포기할 수밖에 없는 형편이 되어 스튜어디스에
게 잠을 좀 잘 수 없겠느냐고 얘기했더니, 입양되어 가는 아이들
여덟 명이 함께 탑승했는데, 그 애들이 저토록 심하게 울고 있다
는 것이었다.

이래저래 잠자는 것을 포기하고 자리에서 일어나 울음소리가
들리는 뒤쪽을 찾아가 보았다. 다섯 살 내외로 보이는 애들인데
먹을 것을 주고, 비행기 모형 장난감을 주며 여러 가지 방법으로
달래보지만 다 소용없이 울기만 한다는 스튜어디스의 대답이었다.

내가 다가가자 나를 쳐다보며 원망하는 듯한 표정으로 우는 아이들, 특히 내 어릴 적 사진과 닮아 보였던 한 남자애의 울음은 내 마음을 날카롭게 찌르는 아픔이었고 손을 내밀어보았지만 그치지 않는 애처로운 울음소리는 나를 원망하는 통한의 울부짖음과도 같았다. 내가 이들에게 할 수 있는 것이 무엇일까? 아무것도 해줄 수 없다는 절망의 한계 앞에서 나약한 나 자신이 너무도 원망스러웠다.

울다울다 지치면 소리도 멈추고 눈물도 메마른다고 했던가, 얼마의 시간이 지났을까? 기진맥진 지쳐버린 아이들이 하나 둘 머리를 떨구고 쓰러지듯 깊은 잠에 들었다.

6·25의 참극이 끝난 지 삼십여 년이 지나 가는데도 매년 유럽과 미주지역으로 입양되는 아이들이 수백 명이 되며, 일주일에 두 번 떠나는 파리행 비행기에서도 이와 같은 안타까움이 매번 반복되고 있다는데, 우리 땅 대한민국에서 함께 살아갈 수는 없는 것일까? 가난한 나라, 가난한 우리 민족의 처지가 원망스러워 지는 아픔이 되었고, 비행기를 처음 타고 떠난 해외 출장에 대한 두려움도, 신기함도 짓뭉개져 버리고 내 눈물샘까지 말라버리게 한 서글픔이었다.

겨우 눈을 붙였을까, 이내 기내방송이 얄궂게도 단잠을 깨웠다. 30분 후에는 오를리 공항에 도착하게 되니 자리에 앉아 의자를 바로 세우고 안전벨트를 매라는 것이었다. 잠시 후 비행기는 굉음을 쏟아내며 활주로에 안전하게 내렸고, 나는 허둥지둥 짐을 챙겨 입국 수속을 마친 후 신기하게 잘 찾아온 가방을 챙겨 허리를 곧게 세우고 세관을 빠져 나오고 있었다. 그런데 그 순간 내 머리에 입력되었던 그 울음소리가 또다시 들리는 게 아닌가! 두리번거리며 주위를 살펴보니 함께 울었던 그 아이들이 이제는 바닥에 주저앉아 서로를 부둥켜안고 그들이 각각 다른 곳으로 헤어지게 되는 것을 막아달라는 최후의 절규를 보여주고 있는 게 아닌가!

어느 곳이든 가겠으니 함께 살 수 있도록 해달라는 우레와 같은 울부짖음 앞에서 양부모가 되실 분들도, 공항직원들도, 지켜보는 많은 여행객들도 울고 또 울 수밖에 없었던 안타까움이었다.

생면부지(生面不知)의 땅에서 오늘의 헤어짐이 어쩌면 영원한 이별이 될지도 모른다는 것을 알기라도 하는 듯, 함께 살아갈 수 있게 해달라는 그들의 절규 앞에서 위로의 말 한마디 건네지 못하는 나의 무능함이 참으로 한심스럽고, 부끄럽고, 미안할 뿐이었다.

가난해도 먹을 것이 없다 해도 같은 혈통의 언어와 문화 속에서 함께 비비며 사는 것이 좋은 것인지, 아니면 낯선 땅에 입양되어 헤어짐의 고통을 감내하고 배불리 먹으며 살아가는 것이 좋은 것인지, 해답을 구해보았지만 정답을 찾지 못했다.

저 애들도 한 핏줄을 나눈 나의 아들이며 나의 딸들인데…… 내가 저들을 위해 할 수 있는 것은 오직 하나, 내가 섬기는 하나님을 찾아 그분께 기도드리는 것 뿐이었다.

"하나님 아버지, 저들에게 은혜를 베푸셔서 당신의 위로와 평안으로 가득 채워 주시옵소서! 그리고 가난한 대한민국에 당신의 긍휼하심과 자비의 사랑을 보여 주시옵소서!"

이제 40대 중년으로 성장해 있을 그때 그 아이들을 다시 그려본다. 이제는 성숙한 인격을 갖춘 의젓한 모습으로 잘 성장하여 환한 미소를 지으며 밝은 얼굴들로 다가온다.

그날 이후, 35년의 긴 세월이 지났다. 지금 내가 이들에게 할 수 있는 말은 무엇인가? "미안했다고, 그리고 고맙고 또 고맙다"는 인사를 남기게 된다.

바라보는 행복

"소유할 형편이 되지 않으면 볼 줄 아는 안목을 길러야 한다"는 말이 있다. 볼 줄만 알게 되면 언제 어디서나 감추어진 보배를 찾아 보고 즐길 수 있기 때문이다.

오래된 물건을 보고 있으면 그 만듦새나 모양이 지극히 기이한 것이 많다. 어떤 고물(故物)은 불필요한 요소들을 생략하고 본질적인 것으로만 집약된 알짜의 투박한 모습이 마음을 편하게 해준다. 그것은 그 물품을 만든 분의 인품과 혼이 그 안에 고스란히 스며있기 때문이리라. 후덕하고 넉넉한 기품이 드러나기에 오래된 것은 더욱 아름다움을 보여 줄 뿐 아니라 세월이라는 옷을 입고 있어 시간의 귀한 가치를 깨닫게 해 준다,

요즘 우리들의 삶에는 이해타산으로 인해 좋은 재료와 도구와 기술력을 가지고 있으면서도 생명력을 불어 넣지 못하고 있는 것은 돈을 더 모아야 한다는 상업적인 생각이 모든 것을 앞서기 때

문에 본질이 뒤바뀌는 것이 아닐까?

나는 요즘 벤치에 앉아 바라보는 삶의 가치가 어떤 것인지, 생각하게 된다.

운동선수가 경기장에서 뛸 때는 자신의 경기 자세를 볼 여유가 없지만 다른 선수와 교체되어 벤치에 앉아 있을 때에는 동료 선수들의 뛰는 모습과 자신을 비교적 정확하게 바라볼 수 있는 계기가 된다는 것을 깨닫게 된다고 한다.

사람은 소유하고 있는 물건이나 돈과 행동 그리고 생각이나 사상으로부터도 자유로워져야 한다는 말을 흔히 듣게 되는데 그것은 자기만의 소유에 집착하게 되면 얽매임이 되고 청정한 심성을 흐리게 하여 가치 의식이 전도되고 존재의 아름다운 빛까지 잃게 만들기 때문일 것이다.

살아온 세월을 뒤로하고 벤치에 앉아서 바라보니 보다 많이 차지하려고만 했지 가난과 그때 그때의 현실을 있는 그대로 즐기지 못했다. 어찌 보면 알맞게 가난을 지킨다는 것은 부자가 되기보다 더 어려운 일일 것이다. 이제 지난날을 다시 바라보니 적당한 가난은 나를 자유롭게 해주었는데 내적인 가난을 통해서 삶의 진실을 볼 수 있었고, 번뇌와 갈등이 비교적 적었음을 깨닫게 되며 탐욕은 모든 악의 근원이었던 것을 알게 된다. 적게 가질수록 본래의 모습을 더욱 아름답게 볼 수 있기 때문이 아닐까. 적게 가진 자는 편한 잠을 잘 수 있지만, 많이 가진 자는 자신의 소유를 지켜야 할 뿐 아니라 더 많은 것을 갖기 위해 궁리하느라 편한 잠을 잘 수가 없게 되는 것이다.

지난밤에는 바람기 없이 조용한 비가 내렸다. 겨우내 까칠까칠 메마른 찬바람만 불다가 부슬부슬 마른 낙엽 위에 떨어지는 밤비 소리를 들으니 내 마음의 뜰도 촉촉이 젖어든 포근하고 편안한 밤 이었다.

아침에는 뒷산에 자욱했던 안개가 밀려나고 보일 듯 말듯 했던 숲이 속살을 이내 드러내더니 한동안 멈추었던 새소리도 여기저기 서 들려온다. 산에서 우는 작은 새는 산이 좋아 산에서 살고 있었 다며 그동안 잊고 지내왔던 자신의 소식을 알려주고 있다.

오랜만에 따스한 햇볕을 맞으러 베란다로 나왔다. 젖은 흙과 물 기 머금은 숲에서 싱그러운 생명의 맑은 향기가 넉넉히 흘러 나와 침침해진 내 마음과 눈을 깨끗하게 씻어준다.

이런 것들을 바라보는 넉넉함이 한없이 즐겁다. 언제 보아도 새 로움으로 아름다워진 산이다. 희끗희끗하던 눈들도 간밤의 비로 말끔히 녹아 물기를 가득 머금고, 새들의 합창이 맑고 화려하게 하모니를 이루며, 앙상한 가지에 매달린 수정과 같은 아름다운 물 방울들은 먼지 낀 내 영혼을 정갈하게 씻어준다.

나는 이 지구상에 지극히 작고 작은 존재다. 하나의 작은 점이 그저 무심히 바라보며 서 있을 뿐인데, 내 안에는 잔잔한 평안과 기쁨이 가득 차오른다.

문뜩, '저토록 고귀한 산이 내 소유가 된다면 내 안에 아름다움과 평안이 얼마만큼 더 커질 수 있을까?' 엉뚱한 질문이 떠오른다. 내 것이 되어 소유가 나를 지배하게 된다면 그것은 잔잔한 여유의 충만함을 잃어버리게 될 것이 분명하다. 산불이 나지 않을까, 각종 위협으로부터 지키기 위해 사람들의 출입을 막아야 하는 부담과 관리의 책임감은 분명 내 마음을 억누르는 무거운 짐이 될 것이기 때문이다.

다행히 저 산은 내 소유가 아니다. 그래서 마음 놓고 바라볼 수 있고, 즐길 수 있는 행복의 소유자가 된 것을 감사드리게 된다. 차지하는 것과 그저 보고 즐기는 기쁨의 차이가 이토록 큰 것을 깨닫게 된다.

'집착'이란 무엇일까? 벤치에 앉아 바라보는 가치는 무엇일까? 그리고 진정한 소유는 어떤 의미가 있는 것일까? 잔잔한 가르침이 마음의 평안을 건네준다. 이제부터라도 "될 수 있는 한 적게 갖고, 적게 먹고, 적게 말하는 습관을 가져야겠다. 그래야 진짜 볼 것을, 들을 소리를, 또 살아야 할 삶의 여유를 챙길 수 있다"는 가치의 진솔했던 풍성함을 나도 누려야 하기 때문이다.

피카소의 게르니카

2002년 8월 스페인 출장길에 프라도미술관에 소장되어 있던 명화 〈게르니카〉를 볼 수 있는 기회가 있었다. 〈게르니카〉는 예전부터 내가 꼭 보고 싶었던 그림이었기에, 그날은 나에게 더할 수 없는 큰 축복이었다.

게르니카는 스페인 북부 피레네 산간에 있는 작은 마을이다. 이곳은 소수 민족인 바스크 사람들이 평온하게 살고 있던 아름다운 마을이었는데, 1937년 4월 26일, 예고 없이 들이닥친 나치의 독일 전폭기 콘도르비행단이 자신들이 만든 비행기와 폭탄의 성능 시험을 위해 5만 발의 폭탄을 이 마을에 무차별 폭격으로 퍼 부어 주민 3,600명 가운데 약 2,000명이 목숨을 잃었고, 마을 전체 가옥의 80퍼센트가 파괴된 스페인 내란 중 가장 큰 비극의 현장이 된 곳이다. 당시 독일과 이탈리아의 파시스트 정권은 스페인 인민전선 정부를 전복시키려는 프랑코 파시스트 세력을 지원하고 있었다.

피카소는 파리에서 게르니카의 이같은 비극적인 소식을 들었는데, 그 충격은 이만저만한 것이 아니었다. 당시 피카소는 공화파의 인민전선 정부를 지지하였고, 그해 파리에서 개최될 세계박람회 스페인관에 전시할 작품을 공화파 인민전선 정부의 요청을 받아 구상하고 있던 중이었다. 피카소에게는 그의 조국이 내란에 휘말린 것도 가슴 아픈 일이었지만, 게르니카의 비참한 살상 소식은 자신의 육체가 떨어져 나가는 말로 형용할 수 없는 아픔이었다.

피카소는 박람회에 전시할 작품을 결정하고 조국에서 발생한 비극의 참상을 세계에 고발하기 위하여 이 작품을 불과 한 달 만에 완성하였는데, 이것이 바로 가로 7미터 76센티미터, 세로 3미터 49센티미터의 초대작이 된 불굴의 명화 〈게르니카〉가 만들어진 것이다.

울부짖는 야생마와 공포에 사로잡힌 황소는 피카소가 즐겨 다루는 투우를 연상시키고 있었으며, 짓밟혀 절규하는 사람들, 등불을 든 처절한 여인, 외치며 분노하는 군중, 검정색과 흰색 그리고 황토색이 단색화 된 채색은 침울하고 단조로움이 주는 무언의 강한 외침으로 살아 움직이는 강렬한 생동감을 주었다. 피카소는 이 작품에 〈게르니카〉라는 제목을 붙이면서 "이 그림은 스페인을 고통과 죽음의 바다로 몰아넣은 파시스트에 대한 나의 혐오감을 표현한 것"이라는 설명을 남겼다.

　1939년, 전 유럽이 전쟁에 휘말리면서 〈게르니카〉는 뉴욕 현대 미술관에 장기 대여 형식으로 머물게 되었다고 한다. 그동안 스페인의 프랑코 정권은 이 그림을 되돌려 받기 위해 갖은 노력을 하였으나, 정작 피카소의 마음은 그것이 아니었다. 누구보다 피카소의 애절한 마음을 잘 알았던 그의 개인 변호사는 피카소가 세상을 떠나기 전에 그의 유언을 받아놓았는데, "나의 그림 〈게르니카〉는 스페인에 자유와 민주주의가 회복된 후에만 고국으로 돌아갈 수 있다"는 내용이었다고 한다.

　피카소는 1973년 세상을 떠났고, 그가 죽은 2년 뒤 1975년에 독재자 프랑코도 세상을 떠났다. 프랑코가 죽은 스페인에는 1975년에 새 정부가 들어섰고, 이제 〈게르니카〉의 행방을 결정지을 스페인의 정치적인 평가를 어떻게 할 것이냐가 중요한 과제가 되었다. 당시 뉴욕 현대미술관장 리처드 올런버그와 피카소의 변호사 뒤마는 〈게르니카〉를 스페인에 환국시킬 것을 결정하여 오늘에 이른 험난했던 역사를 고이 간직하게 된 것이다.

　이후 〈게르니카〉는 스페인의 민주주의를 지키고 있는 살아 있는 힘의 원천이 되어 스페인 정부와 국민들이 매우 소중하게 간직하고 있는 국보가 되었으며, 프라도 미술관은 피카소가 살아생전 잠시 관장으로 재직했던 곳으로 살아 있는 피카소의 마음을 간직하고 있는 곳이었다.

　그림에 대한 지식과 식견이 매우 부족한 나로서는 화폭 안에 숨겨진 피카소의 깊은 외침을 온전하게 찾을 수는 없었지만, 조국 스페인을 지극히 사랑했던 간절한 마음과 그의 절규하는 목소리를 직접 듣는 것 같은 큰 감동을 느낄 수 있었다.

프라도 미술관을 뒤로하는 발걸음에 내가 또 다시 스페인을 찾는 날에는 이곳에 다시 와서 피카소의 그 찢긴 마음의 아픔을 함께 하겠노라는 약속을 남겨 놓았다.

게르니카 마을에 세워진 돌 교회와 높이 세워진 십자가가 내 마음에 깊고 선명하게 각인되어 있다. 또 다시 보고 음미하고 나누고 싶은 〈게르니카〉여!

함께하는 삶

어떤 사람이 "죽으면 반드시 천당에 가겠다"는 목표를 세우고 죄를 짓지 않기 위해 결혼도 하지 않고 정직하게 자신을 철저히 관리하여 청빈하게 살다가 죽음을 맞게 되었다고 한다. 그리하여 그토록 바라던 천당에 가게 되었다. 드디어 천당 문에 다다라서 문을 열려고 보니 이게 어찌된 일인가? "개인 입장 절대 사절, 단체 입장 환영"이라고 쓴 팻말이 달려 있지 않은가? 그는 하는 수 없이 발길을 돌려 이 세상으로 다시 돌아와 단체 입장을 준비했다는 얘기가 있다.

어떤 사람이 어떤 연유로 지어낸 이야기인지는 알 수 없으나 나만의 고고하고 정결한 삶보다는 이웃과의 관계 속에서 선함을 이루어, 더불어 함께하는 삶의 중요함을 강조하기 위한 이야기가 아닌가 생각된다.

우리 주변에 어려운 시련 속에서 살아가는 이웃들이 많이 있음에도 이들을 외면하고 나만 거룩한 척 살아가는 범주에 나는 포함되어 있지 않은지, 아니면 나와 내 가족만의 편안함과 넉넉함을 얻기 위한 이기적인 삶을 살아가고 있지는 않은지 생각하게 한다.

사람은 집단적인 관계의 환경을 떠나 혼자만 살아갈 수 없는 존재인데, 나만을 생각하고 나만의 천당을 준비하는 것은 모두가 함께 살아갈 수밖에 없는 필연적인 관계를 스스로 부정하는 잘못을 보여주는 것이기 때문에, 나의 존재는 우리 속에서 인정되어야 하고. 우리가 없는 나는 아무런 의미가 없다는 것을 일깨워 주고 있다.

몇 해 전에는 우연히 넓고 큰 열차 한 칸에 나 혼자 승객이 되어 여행을 했던 기억이 있다. 처음에는 내가 대통령이라도 된 것 같은 우월감이 있었지만, 그런 생각은 잠시일 뿐 에너지를 낭비하는 것 같은 죄책감과 왠지 모를 미안함과 어색함이 나의 책임이 아니었음에도 심히 불편했던 적이 있었다. 시간이 갈수록 내 마음을 더욱 무겁게 짓눌렀던 것은 모든 것이 텅 비어버린 공허함과 나의 존재가 아무것도 없는 허공에 붕 떠있는 것 같은 외로움을 느끼게 된 것이었다. 이같은 경험은 사람은 더불어 부딪치고 웃고 울기를 반복하면서 함께 살아갈 수밖에 없는 존재라는 필연성을 다시 확인하게 된 계기가 되었다.

사람들이 겉으로는 의연해 보이려고 태연한 척 하지만, 속마음은 백지장을 함께 들어주고, 가려운 등을 비빌 언덕이 되어줄 누군가를 찾고 있는 것이다. 나의 작은 관심 하나로 시련과 고난을 극복하며 다시 일어서게 되는 내 이웃이 있고, 주고받은 것은 아무것도 없지만 따스한 손길에 감격하여 손등을 적시는 눈물이 있다면 이것이 바로 우리가 이 땅에서 누릴 수 있는 호사가 아닐까 생각한다.

천당에 혼자 가려는 사람은 필연적 관계의 이웃을 부인하는 사람이기 때문에 개인 입장을 사절하게 될 지도 모를 일이다. 홀로의 여정에는 가족도 사회도 국가도 세계도 없는 나 혼자만의 지극히 고독한 나그네가 되어 삶의 가치와 의미를 잃게 되지 않을까 하는 두려운 생각을 갖게 된다.

세계 자본주의 흐름도 크게 변화되고 있다. 자유방임의 고전자본주의가 1930년대 대공황이후 케인즈가 내세운 수정자본주의로 바뀌었고, 1970년대에는 시장의 자율을 강조한 신자유주의가 등장하여 양극화를 심화시키는 갈등의 문제가 대두되었다. 그러나 지금은 우리 모두 다 같이 행복한 성장을 위한 정책의 변화를 부르짖는 목소리를 모아가고 있다.

염려되는 것은 나누며 더불어 함께 살아야 한다는 강한 목소리가 이제는 폭동으로까지 변질되어 유럽 지역과 세계 모든 나라들로 번져가고 있다는 사실이다. 지금 이 세대는 나만의 삶을 허용하지 않고 있다는 것을 인정해야 할 것이다. 나만 잘 살아야 한다는 행동은 결코 용납되지 않는다. 성장의 목표는 반드시 서로의 균형과 형평이 전제되어야 하며 개인의 발전이 무시되는 국가의 발전은 인정되어서는 안 된다.

일자리가 늘어나지 않는 성장은 내일의 주인이 될 젊은이들이 살아갈 삶의 터전이 없어지는 것이다. 요즘 기업들은 경제 전망이 밝지 않다하여 투자를 기피하고 자금을 사내에 쌓아가고 있다고 한다. 젊은 일꾼이 늘어나지 않는 기업은 장래를 보장받기 어렵다는 사실을 인지해야 할 것이다. 투자를 지속하는 것은 유능한 젊은이들의 피를 지속적으로 수혈 받아 내일의 건강을 보장받게 된다는 장기적인 안목에 집중해야 할 것이다. 이제부터는 우리의 목표가 이웃을 보살펴 서로가 나누며 함께 살아가는 밝고 따뜻한 사회를 만드는 구체적인 행동이 나타나야 한다.

이제 우리 모두가 합력(合力)하여 드릴 간절한 기도는 7천만, 남과 북, 남녀노소 한 사람도 낙오자 없이 손에 손을 잡고 함께 입장하게 되는 천국행 여정을 간절히 소망하는 것이다.

자폐증(自閉症)

오늘은 서강대학교에서 국문학 강의를 하신 김열규 교수의 에세이를 읽었다. 우리 사회에서 자폐증으로 고통당하는 어린아이들과 그 부모를 향한 사회적 무관심에 대한 깨우침이었다. 자폐증이 어떤 것인지 정확하게 알고 있는 사람이 얼마나 될까? 나도 이 글을 읽기 전까지는 잘 몰랐고, 관심도 갖지 않았다.

아이가 하루 종일 방 안에서 한 가지 장난감만 가지고 놀거나, 방 안에 많은 사람이 있음에도 그들에게는 작은 관심도 나타내지 않고 혼자 있는 듯 침묵하거나, 젖 떨어질 무렵부터 시선이 한 곳으로 멍하니 멈추고, 사색하는 표정과 자세로 나날을 보낸다면 자폐아일 확률이 높은데, 이들의 공통점은 자기만의 세계 속에 깊이 빠져 있다는 것이다.

말을 전혀 하지 않거나, 한다 해도 상대의 말에 아무런 반응을 보이지 않고, 반응이 느린 아이로 성장해 자신의 입을 영구히 닫아버려 마음의 문이 굳게 닫혀버린 이들이 우리의 자녀요, 손자라면 참으로 기가 막힌 아픔일 것이다.

소개된 한 사례는 자폐증을 앓고 있는 6살 김 군의 이야기였다. 김 군은 〈인간발달복지연구소〉에 맡겨진 열 명의 어린이 가운데 1년 동안 그곳 선생님들의 헌신과 노력에 힘입어 유일하게 치료가 잘되어 정상 아동들이 다니는 '달동네 유아원'으로 옮겨가게 되어, 입학식에서 김 군이 노래를 부르기로 예정되어 있었다는 것이다.

원장 선생님의 소개를 받은 김 군이 단상에 올라서자, 입학식에 함께 참석한 김 군의 어머니는 초조함과 감격 그리고 우려와 불안이 범벅이 되어 단 밑에서 주춤거렸고, 복지연구소에서 함께했던 아동들과 회원들은 단 위에 오른 김 군의 닫힌 입만 쳐다보는 숨 막히는 시간이 흐르고 있었다. 피아노의 전주가 살얼음 같은 분위기를 깨우자 김 군이 잠시 멈칫하다가 그 어머니와 눈이 마주치는 순간 "엄마 엄마 이리와 이것 보세요" 하며 노래를 부르기 시작했다는 것이다. 김 군은 드디어 닫힌 입을 열었고, 열린 입은 크게 소리를 높였으며, 바로 그 순간은 모든 이의 불안이나 초조함을 일순간에 날려버린 기적의 순간이 된 것이다. 모든 사람 앞에서 6년 동안 닫혔던 입을 보란 듯이 환히 웃는 아들을 보는 젊은 어머니는 두 손으로 쉬지 않고 눈물을 훔쳤다는 것이다.

노래가 끝났을 때 꼬마의 이마에는 겨울인데도 땀방울이 맺혔고, 온몸이 땀으로 촉촉이 젖어 있었으며, 노래를 마치고 인사하고자 고개를 숙였을 때 그 이마의 땀방울은 면류관의 아름다움으로 빛났고, 쏟아지는 박수는 우레와 같은 함성이었다고 소개했다. 그의 어머니는 나비가 날 듯 사뿐히 자리에서 일어나 아들을 품에 안고 눈물이 배어 있는 두 손으로 아들의 작은 입술을 만지고 쓰다듬으면서 한없이 울고 또 울었다는 내용이었다.

또 다른 사례 역시 〈복지연구소〉에서 있었던 이야기로 3개월 남짓 수많은 헌신자들의 노력 끝에 한 아이의 입에서 "아빠"라는 소리를 냈다는 것이다. 이 소식을 들은 그의 어머니는 하던 식당일을 팽개치고 한걸음에 달려와 "진짜 아빠를 불렀습니까?"라며 믿을 수 없다는 듯 아이를 흔들어 한 번만 더 "아빠"라고 말해보라고 울부짖었으나, 그 아이는 끝내 소리 없이 깊은 침묵의 늪 속으로 되돌아가 나오려 하지 않았다고 한다. 점점 더 세차게 아이를 흔들어대던 그 여인은 아이를 끌어당겨 굶주린 사자가 먹이를 취하듯 이내 아이의 입술을 깨물어 피를 흘리고는 정신을 놓아 그만 실신했다는 내용이었다.

소개된 두 편의 이야기를 통해 나는 감동과 절망이 상반되는 두 부모의 마음을 직접 눈으로 보는 것 같은 충격을 받았다. 아이를 끌어안고 입술을 어루만지는 어머니, 자기 생명의 전부인 아이의 입술을 깨문 어머니, 두 어머니 모두의 바람은 아기의 닫힌 입과 마음을 열고자 하는 절박하고 간절한 소망이었던 것을 부인할 수 없을 것이다.

국민소득 2만 달러를 넘겼다고, 우리 경제가 세계 12위에 올랐다고 떠들며 흥분하고 있지만 정작 우리 각자의 삶은 힘들고 어렵고 아픈 부분이 왜 이토록 많은지, 무거운 마음을 지울 수 없는 것이 평범한 시민들의 공통된 고백이 되었다.

우리의 삶은 경쟁이다. 그래서 잠시도 쉴 수가 없기 때문에 똑바로 앞만 보고 달려야 한다고 세뇌되어왔다. 그래서 이웃의 아픔을 외면하고 그렇게 살아가고 있는 무정한 사람이 된 것일까,

어느 날 화장실에 앉아서 "네 삶의 목적이 무엇이냐?", "네 옆과 아래와 뒤는 몇 번이나 돌아보았느냐?", "돌아보니 무엇이 보이더냐?"고 묻는 음성을 들은 적이 있었다.

평소에는 상상하지 못했던 질문을 갑자기 받다 보니 어리둥절해 내가 꿈을 꾸는 것이 아닌가 싶어 내 허벅지를 꼬집어보았지만 생생한 질문이었다. 그런데 답이 떠오르지 않았다.

오늘날 교육은 경쟁에서 살아가기 위해서는 앞에 있는 것을 빨리 좇아가야 한다고 가르치고 있다. 그러나 정작 앞만 보고 열심히 달려서 채우고 또 채워보지만 누구에게나 공통된 반응은 이만하면 됐다는 흡족함이 결코 없다는 것이다. 그러함에도 부족한 공허감은 계속하여 앞만 보고 달리라고 재촉한다. 때로는 꿈속에서조차 누군가 종아리를 때린다. 아파서 잠을 깼는데 쉽게 다시 잠이 들지 않는다. 위만 보는 삶, 나만을 위해 앞만 보고 달려야만

했던 중압감이 원인인 것을 알게 된다.

　나는 언제 내 삶의 뒤를 돌아보았던가? 몇 번이나 내 옆 사람들을 둘러보았나? 하물며 눈 아래 병들고 가난과 헐벗음으로 살아가는 내 이웃에게는 어떤 시선을 주었는지 더듬고 더듬어도 도무지 생각이 나지 않는다.

　이 땅에 있는 모든 자폐아들이 내 자녀, 내 손자 그리고 우리 모두의 자손들인데, 그동안 너무 무관심했다는 자책의 아픔과 더불어 김 군의 입술을 내 손으로 만지든, 아니면 내 입술로 아이의 입술을 깨물든, 이것이 두 어머니와 더불어 우리 모두가 나누어야 할 기쁨이요 안타까움이 되어야 하지 않을까?

옷장

사람은 시간 속에 존재한다. 현재가 있고, 지나간 과거가 있으며, 알 수 없는 미래도 있다. 대부분의 사람들은 현재와 미래보다는 지나간 세월로 묶인 질긴 끈을 놓지 못한다. 특히 나이가 들수록 지나간 추억을 떠올려 보면서 눈물과 기쁨, 후회와 미련의 아쉬움에서 벗어나지 못하게 된다. 그래서 고인이 되신 분들을 그리워하게 되고, 좋았던 사람, 보고 싶은 사람이 떠오르는가 하면, 때로는 괘씸하다 못해 화가 치밀어 한번 손봐주고 싶은 사람까지 등장하게 된다.

나 역시 예외가 아니어서 지나간 과거 속에 깊이 빠져 있는 경우가 종종 있다. 직장을 은퇴하고 큰 수술을 받았으며, 지금은 건강관리로 보내는 시간이 많다 보니, 지난날의 추억에 머무는 시간이 많게 된다. 그러나 추억을 떠올리면 떠올릴수록 과거는 꿈과 같은 허상이며, 실상의 나는 현재의 시간 속에 존재하고 있다는 사실을 깨닫게 된다. 그래서일까? 사람들의 공통된 심성인 과거로

의 회귀(回歸)를 찾아 시간을 넘나드는 소재를 다룬 영화나 연극
이 많이 등장하고, 또 많은 사람의 관심이 모여 흥행하기도 한다.

얼마 전에는 아내와 함께 영화관을 찾았다. 특별하게 하는 일도
없으면서 영화관을 찾은 지가 언제였는지 기억이 새로웠다. 우리
가 관람한 영화는 리처드 커티스 감독이 제작한 "어바웃 타임"
(About Time)이었다. 시간을 소재로 제작된 작품이었는데, 평범
하게 살아가는 한 가족의 일상을 다룬 단순하고 편안함을 주는 영
화였다.

이 영화는 시간 여행의 내용이었지만 〈백투더퓨처〉나 〈인터스
텔라〉와 같이 엄청난 속도로 시간을 거스르는 타임머신도 없었고,
제작비가 많이 소요되는 웅장함이나 스펙터클한 장관도 볼 수 없
는 보통 사람의 가정사를 다룬 일상의 영화였다. 아버지의 잔잔한
충고로 변화된 아들이 주변 사람들과 진실 된 사랑을 나누는 장면
은 큰 감동이었으며, 그러한 자신을 만들어내기 위해 어둡고 칙칙
한 낡은 옷장 속에 들어가 주먹을 불끈 쥐고 실패했던 과거의 시
간에서 다시 새로운 현재로 돌아와 자신이 변화되어 주변에 있는
사람들과의 관계를 따뜻함으로 아름답게 이뤄내는 장면은 무척 인
상적이었다.

이 영화는 정직하고 순수한 사랑은 돌처럼 딱딱하게 굳어 있는
상대의 심장을 녹여 말썽꾸러기 자식도, 원망스럽기만 했던 배우
자도, 생판 모르는 이웃에게도 진실함을 만들어낸다는 쉬우면서도

어려운 교훈을 남겨주었다.

　아버지가 자녀에게 바라는 것이 무엇일까? 아버지의 경험담과 훈계를 의미 있게 경청하며 서로의 생각을 진지하게 나누며 소통할 수 있는 따스함이 아닐까? 또한 부부가 상대에게 바라는 것은 무엇일까? 주말에 집안을 깨끗하게 청소하고 가사를 나누며, 주말이나 휴일에 자신과 손잡고 호젓한 들길을 거닐며 소소한 얘기를 나누는 것이 아닐까? 그런데 행복해야 할 부부의 삶이 파경을 맞게 되는 원인은 무엇일까? 서로에게 기대하였던 지극히 사소한 일들이 어긋나고 쌓이면서 비뚤어지고 깨어져서 끝내는 돌이키기 어려운 지경까지 이르게 되는 것이 아닐까.

　폐암에 걸린 아버지가 아들에게 보여준 잔잔한 미소가 매우 인상적이었다. 아버지와 아들이 함께 이 세상에서의 마지막 여행을 통해 서로를 이해하는 정다운 모습은, 40여 년 전 한마디 인사도 못 드리고 병원 응급실에서 아버지를 떠나보내야 했던 나의 응어리지고 안타까웠던 마음에 애잔함이 되어 거칠어진 내 볼을 적시는 따스한 감동을 주었다.

　감동이 있는 삶은 소홀하기 쉬운 가까운 사람과의 관계를 통해 서로를 공유하여야 하며, 시간의 법칙은 되돌릴 수 없는 과거와 도무지 알 수 없는 미래의 웅덩이에서 빠져나와 내가 처한 현재의 시간으로 돌아오기 위해 최선을 다해야 하며, 지나간 시간 속에 머무는 것도, 미지의 삶에 대한 염려도, 현재의 삶에 최선을 다할 수 있는 방법을 찾기 위한 것이어야 한다는 가르침을 주었다.

　70번 반복되었던 연말이 금년에도 지났고 또 다시 새해를 맞았다. 흡족하지 못했던 지난해의 일들이 아쉬움과 후회로 남아 있다. 그러나 확실한 것은 지나간 모든 것들은 현재의 오늘로 다시 되돌릴 수 없다는 것이다. 지나간 시간도, 돌아올 내일의 시간도 지금의 시간으로 돌아와야 하는데, 그 방법은 그동안 가까이 있어 멀어졌던 가족과 이웃과의 관계를 복원하기 위해 옷장 속에 들어가 주먹을 불끈 쥐는 것이라는 깨우침이다.

　나도 그동안 너무 소홀히 했던 내 주변에 있는 소중한 사람들을 찾아 작은 것에 순전한 사랑을 나누기 위해 주먹을 불끈 쥐고 들어갈 수 있는 나의 옷장을 만들어야겠다.

새끼 돼지

　우리는 해마다 새해가 되면 십이지지(十二地支)에 따라 한 해를 짐승에게 비기어 개의 해, 돼지의 해, 양의 해, 토끼의 해 등 12가지 동물로 구분하고, 그 해에 해당하는 짐승에게는 동원할 수 있는 온갖 미사여구(美辭麗句)로 묘사하고 있다.

　개의 해가 되면 영특한 동물로 사람들에 대한 불신을 빗대어 사람의 목숨을 구해낸 충견(忠犬)으로 높이어 감동시키는가 하면, 돼지의 해가 되면 돼지가 부의 화신이 되어 귀하고 소중한 동물로 떠오르게 만든다.

　몇 해 전에는 개(犬)의 해였는데 그해 여름철 신문에 보도된 기사를 보았더니, 무더웠던 7월과 8월 사이 보신용으로 도살된 개의 숫자가 그 이전 해보다 약 40퍼센트 늘었다는 것이었다. 어느 해보다 높임과 귀함의 존재로 칭송했던 그 사람들에 의해 귀하신 몸이었던 수 많은 개들이 보신용이 된 것이다.

직장에서 함께 일했던 한 선배는 개고기를 무척 좋아하여 일 년 내내 개고기만 먹어도 싫지가 않다는 소위 보신탕 애호가였다. 특히 여름철이 되면 집에서 먹는 아침을 빼고 점심과 저녁을 거의 매일 보신탕으로 즐겼다.

공교롭게도 그분 집에서는 사모님과 아이들이 강아지를 좋아하여 강아지 두 마리를 애지중지 기르고 있었다. 그런데 본인이 보신탕을 먹고 집에 들어가는 날에는 집에 있는 강아지가 어떻게 알았는지, 자기 동료를 잡아먹은 주인을 알아차리고 싸늘한 눈초리로 꼬리를 내린 채 슬슬 피하면서 집안 구석을 맴돌며 시위를 한다는 것이었다.

그러면서도 그분은 "귀여운 것과 보신용으로 먹는 것은 다른 것이며, 사람은 모든 만물을 다스리는 특권을 받았으므로 보신탕도 즐겨 먹을 수 있다"고 주장했다. 그렇다고 내가 그 선배를 야만시하거나 그분의 행동이 잘못된 것이라고 생각하지는 않지만, 지나치게 개고기를 좋아했던 분으로 지금까지 기억하고 있다.

힌두교 계율에 충실한 인도에서는 소고기 먹는 것을 금하고 있다. 흉년으로 먹을 것이 없어 굶어 죽는 경우에도 소를 잡아먹지 않는다는 얘기는 참으로 기이한 신비로움으로 생각되면서도 한편으로는 안타까운 마음도 갖게 된다.

몇 해 전에는 성남에 있는 모란시장에 갔었는데, 시커멓게 그을린 개들의 시체가 즐비하게 쌓여 있는가 하면, 바로 그 옆에 자리한 푸줏간 진열대에는 목이 잘려 질서 있게 정렬된 돼지 머리를 목격한 일이 있었다. 측은하다 못해 잔인한 우리 인간들의 속살을 보는 것 같아 섬뜩함과 무서웠던 마음이 지금까지도 기억에서 지워지지 않고 있다.

돼지에 대한 인식도 나라마다 서로 다른 문화를 갖고 있다.

소풍을 떠난 돼지들이 목적지에 도착한 후 숫자를 확인하려고 번갈아가며 아무리 세고 또 세어 보아도 한 마리가 모자랐는데, 그 이유가 어느 돼지도 자기를 포함시키지 않고 숫자를 세었기 때문이라는 이솝의 이야기는 언제 들어도 우리에게 즐거운 미소를 짓게 하는 동물인데, 중동 지역에서는 돼지가 저주의 동물로 상징되어 먹지 않고 있으며, 성경에서는 마귀가 돼지 속으로 들어가 끝내는 악마의 뜻대로 낭떠러지에서 떨어져 죽게 되는 미련한 동물로 기록되어 있다.

그러나 우리 문화는 다르다. 돼지꿈을 꾸면 재수가 있다 하여 복권을 사고 기분 좋아하는가 하면, 고사를 지낼 때는 예외 없이 돼지머리를 모시고 그 앞에 허리를 굽혀 절하며 복을 비는 모습을 보면서 가축에 대한 사람들의 진정한 마음이 어떤 것인지 생각하게 한다.

몇 해 전 지인의 집을 방문했을 때, 그 분은 집안에서 돼지 새끼를 기르는데 하얀 털을 색색이 곱게 염색하여 미소 짓는 얼굴과 신비롭게 말아 올린 꼬리와 꿀꿀거리는 노랫소리를 들으면서 가족 모두가 무한한 행복감을 느낀다는 지극한 돼지 예찬론을 목격했던 적이 있다. 그러나 궁금한 것은 몸이 커지고 어미 돼지가 되면 어떻게 하는지 물어보고 싶었지만, 차마 물어 보지 못했다.

사람은 너 나 할 것 없이 여러 형태의 음식을 먹고 튼튼한 체력을 유지하여 일하고 운동하며 활발한 경제 활동으로 풍요로운 세상을 만들어가고 있다. 그러나 각각의 문화가 다르듯이 우리나라 사람들은 예로부터 보신탕뿐 아니라 돼지고기를 무척 좋아하여 해장국에서부터 김치찌개, 삼겹살, 족발 등 돼지고기가 들어가는 음식의 종류만도 수십 가지가 있다. 참으로 돼지고기는 우리의 식탁에서 없어서는 안 될 소중한 식재료가 되었다.

그런데 한 가지 생각해보기를 권하고 싶은 것이 있다. 순전한 어린아이가 귀엽고 예쁘듯이 동물도 예외가 아니어서 모든 짐승의 새끼는 예쁘고 귀엽다. 심지어 사자 새끼도, 호랑이 새끼도 너무 귀엽다. 깨끗하게 목욕시켜 포동포동 탄력 있는 몸매를 보여주는 돼지 새끼를 보면 집에서 함께 데리고 사는 사람을 조금은 이해할 것 같다.

그런데 얼마 전 그 귀엽고 깜찍한 돼지 새끼 몇 마리가 TV 광고에 나와 "나는 영양분이 높고, 육질이 좋으니 나를 맛있게 많이 먹어달라"는 내용의 장면을 보게 되었다. 사람이 아무리 만물의 영장이라고 하지만 저것은 너무 지나친 행동이 아닌가 하는 언짢은 마음을 갖게 되었다. 이 같은 나의 마음이 유별스럽게 생각하는 과민반응일까 하는 질문도 스스로에게 해보았다. 그러나 자신의 죽음을 기뻐 노래하며, 자신을 죽여 잘 먹어달라고 홍보하는 동물이 과연 이 땅에 있을까?

수년 전에는 우리나라에 광우병이라는 재앙이 전 국토를 휩쓸었다. 자식처럼 애지중지 키운 소와 돼지 등 가축 340여만 마리를 죽여서 땅에 묻는 참담함이 있었다.

내년에도 십이지지에 따라 한 해를 동물에 비기는 풍습으로 그해에 해당되는 동물은 높임을 받으면서 필요에 따라서는 아무런 거리낌 없이 우리들의 뱃속을 채우는 당연함이 계속될 것이다.

아무리 말 못하는 동물이라 할지라도 꼬리를 내리고 도살장에 들어가지 않으려고 혼신을 다해 버티면서 눈물로 자신을 지키려는 생존을 위한 본능은 우리 사람들과 조금도 다르지 않다는 것을 잊지 말아야 할 것이다.

돼지를 기르는 어려운 축산농가에서 소비를 늘려 소득을 높이기 위한 것으로 이해하려 해 보지만, 새끼 돼지를 TV에 등장시켜 그들의 죽음을 노래하게 하는 잔인함만은 없었으면 좋겠다는 생각이 나 혼자만의 생각일까?

뒷산에 오르려고 길을 나섰는데 어린 초등학생 몇이서 쭈그리고 앉아 길을 막고 있었다. 웬일인가 싶어 보았더니 사람들이 밟고 다니는 보도블록 사이에 솟아난 이름 모를 들꽃 하나를 보고 생명의 신비함과 아름다움을 이야기하고 있었다.

풀 한 포기, 꽃 한 송이와도 따뜻한 정감을 나눌 줄 아는 사람이면서, 동시에 잡초도 아닌 동물, 그 중에서도 고운 정으로 기른 가축을 함부로 다스리는 잡식성이 된 서로를 바라보는 혼돈과 아픔이 남는다.

비만과 다이어트, 그로 인한 성인병 문제가 우리 사회의 화두가 되었다. 육식을 줄이고 채식으로 돌아가야 한다는 소리에 모두의 귀가 모아지면서도 정작 선호하는 식탁에서는 동물들로 채우고 있는 이해할 수 없는 나 자신을 보면서, 좋아하는 것과 사랑하는 것 그리고 먹는 것이 어떻게 다른 것인가를 생각하게 된다.

살고 싶은 나라

하얀 눈이 잿빛 하늘 아래 산야를 덮는다. 창밖으로 보이는 뒷산이 온통 하얀 이불을 쓰고 있는 모습이 무척 따스해 보인다.

네팔에서 수 년을 살다 귀국한 친구를 만나는 날, 염려했던 버스길은 제설작업을 위해 밤을 새워 수고하신 분들의 땀 흘림으로 인해 차들이 거침없이 달리고 있었다. 산다는 것은 많은 분들의 수고에 힘입어 편하게 살아간다는 감사함을 다시 한 번 생각하게 된다. 음지에서 수고하신 모든 분들의 노고에 감사드리며, 그 분들에게 하늘의 위로와 평안을 기도드린다.

오랜만에 보게 된 친구는 구릿빛 그을음으로 매우 건강해 보였고 예전과 다름없는 밝고 환한 미소에 나도 한껏 반갑고 편안한 인사를 나누었다. 잠시 서로의 안부를 나눈 후 친구는 아무래도 네팔로 다시 돌아가야겠다고 했다. 조국에서 여생을 마칠까 했는데 돌아와 몇 달을 살아보니 마음이 바뀌었다는 것이다. 이유인즉 불안하여 자손들의 장래가 염려되기 때문이라고 했다.

네팔은 소득 수준이 낮아 경제적으로는 가난한 나라지만 사람이 사람을 죽였다는 뉴스를 접해보지 못했으며, 남의 물건을 훔치는 절도 사건도 거의 없는 순박한 사회라는 것이다. 그들에게는 전통적으로 엄격한 계율이 있고, 소득 수준과는 관계없는 도덕과 윤리의 교육이 어릴 적부터 생활화되어 있다는 것이었다.

그런데 조국에 돌아온 지 몇 달 되지 않았는데, 그동안 접한 뉴스의 대부분이 무섭고 끔찍하고 흉악한 범죄들로 자식이 부모를 죽이고, 남편이 아내를 토막 내 살해하며, 강간과 살인이 쉼 없이 벌어지고, 공직자의 뇌물수수와 공금 횡령, 제자에게 매 맞는 교사 등 갖가지 사건 사고 소식을 접하면서, 이 땅에서는 한시도 마음 놓고 살아갈 자신이 없어 자녀와 손자들의 장래를 생각할 때 네팔로 돌아가는 결단을 내리지 않을 수 없다는 것이다.

나는 그동안 똑같은 사건을 수없이 접하며 살아가고 있으면서도 이제는 마비되어 현실의 무서움에 무감각해진 나 자신에 대한 섬뜩함을 다시 보게 되었다.

머물고 싶은 나라, 살고 싶은 나라는 과연 어떤 나라일까? 당장, 내 눈에 보이게 될 성급한 기대보다는 조금은 더디어 시간이 걸린다 할지라도 백년대계의 튼튼한 방안을 고민하며 찾아야 한다는 생각을 갖게 되었다.

그동안 우리 주변에서 일어난 사건들을 생각해보면 참으로 기억하기가 무서운 각양각색의 흉악한 범죄들이었다. 우리 사회의 어딘가에 무엇인가 매우 잘못된 것이 존재하고 있다는 생각을 갖게 된다.

지지리 가난해 초근목피로 살던 때가 반세기도 지나지 않았다. 그동안 우리의 가장 큰 목표는 '잘 살아보세 잘 살아보세'를 외치며 쉼 없이 달려왔다. 그 결과 지금은 가난을 극복하고 산업사회를 이루어 부자 나라가 되었다. 그것은 우리 세대의 부모님들이 자식 교육에 쏟은 열정과 희생의 결과가 아닐까 생각하게 된다. 그러나 이 시점에서 돌아보아야 할 것은 자식 교육을 잘 시켜서 빵 문제가 해결되었다고 모두가 행복한 밝은 사회가 되었느냐는 것이다.

그동안 우리나라는 6.25사변의 참극 이후 미국의 교육과 문화의 영향을 많이 받았다. 현재 미국에 유학하는 우리나라 학생 수가 인구 비율로 보면 단연 1위이며, 단순 숫자로만 보아도 상위에 속한다는 발표가 있었다. 그렇다면 그들이 미국 사회를 받치고 있는 교육의 기본은 무엇인지 터득하고 있는 것일까? 행여 옳은 것은 배우지 못하고 잘못된 것만 모방하여 받아들인 것은 아닌지 성찰해 보아야 할 것이다.

미국 초대대통령 '조지 워싱턴'의 어린 날에 대한 이야기를 기억하고 있다. 정원에서 놀다가 사과나무를 꺾어버렸는데 집에 돌아오신 아버지께 사과나무가 꺾이게 된 경위를 정직하게 말씀드린

후 아버지께 용서를 빌었다는 내용이었다. 미국 어린이들은 정직과 사회 규범을 철저하게 지켜야 한다는 교육을 받으며 성장한다. 영화 한 편을 만들어도 정의는 반드시 이긴다는 내용을 담아 바르고 건전한 정신을 길러내고 있다.

하지만 우리의 교육은 어떠한가? 태교에서부터 시작되고 있는 부모의 교육은 초등학교에 입학하기 전까지 초등학교 전 학년 수준을 끝내고 영어를 비롯한 갖가지 과외로 시험 성적을 올리는 교육에 전념하고 있다. 옆에 앉은 친구가 하나를 알면 나는 둘을 먼저 알아야 한다는 교육이다. 이같은 현상은 시험 점수가 한 인격체의 유일한 평가 기준이 되고 있기 때문이다. 상대를 이겨야 하는 경쟁의식을 높이는 교육이 강화되고 있는 것이다.

학교를 졸업한다고 경쟁이 끝나는 것도 아니다. 사회에 나가면 수단과 방법을 가리지 않고 출세에 매달리게 되어 학연과 지연과 금권이 동원되어야 한다.

그동안 우리는 오랜 유교 사상이 뿌리를 잡고 있는 매우 건강한 사회라고 자랑했다. 국민의 80퍼센트가 불교, 천주교, 기독교 등 다양한 종교를 갖고 있는 민족이다. 그럼에도 불구하고 자녀에게 종교의 가르침에 기초한 정의로운 인격을 교육시킨다거나, 도덕과 윤리를 기본적인 가치관으로 양육하며 지도하는 부모를 만나기가 쉽지 않다.

양심적인 가치관을 가진 사회는 큰 나무가 깊고 넓은 뿌리를 내리듯 오랜 시간 동안 고상한 인격으로 자라나는 인내와 수련의 과정을 반드시 거쳐야 한다. 우리가 시행하고 있는 가정과 학교 교육은 어떠한지 세밀한 진단이 필요한 계기가 되었다.

사람이 사는 사회에서 범죄와 탈선이 없을 수는 없다. 그러나 우리 사회가 안고 있는 문제의 심각성은 거짓과 흉악한 범죄의 죄의식이 각자의 양심에 부딪치는 엄중한 질책의 소리를 듣지 못하는 것과 듣는다 하더라도 양심이 무디어져서 그 소리에 괴로워하며 잘못을 뉘우치는 모습이 보이지 않는다는 것이다. 하늘은 자신의 잘못을 인정하고 참회의 모습을 보이는 자에게는 돌을 던지지 말라고 하였다. 실존주의 철학의 아버지라 불리는 키에르케고르는 의식하지 않는 죄는 구원을 받을 수 없지만 의식하는 죄는 구원을 받을 수 있다 하였다.

한 친구가 아들을 장가보냈더니 아들 마음이 변해서 이제는 아들 하나 잃어버렸다는 생각으로 산다는 섭섭한 애기를 들으면서, 그와 같은 결과의 근본 원인이 누구에게 있을까 생각하게 된다. 자신이 잘못 가르친 책임은 인정하지 않고, "결혼하더니 불효한다"고 탄식하는 것은 비단 그 친구만은 아닐 것이다.

어두워진 이 시점에 우리에게 가장 시급한 과제는 무엇일까? 이 나라를 지켜가야 할 우리의 자손들을 가르치는 교육의 기본 이념이 바뀌어야 한다. 하나를 앞서는 경쟁 위주의 교육은 요령과 눈치만 길러낼 뿐, 창의성과 정직과 양심을 길러내는 교육은 되지

않는다. 소중한 고전과 철학, 종교의 가르침에 기초한 인간의 존
엄성과 생명을 중시하는 교육이 우리의 행복지수를 높이는 유일한
방법이 될 것이다.

후손들이 살아갈 이 땅이 조금은 가난하다 할지라도 자신이 하
는 일에 최선을 다하며, 서로를 인정하고 배려하는 따뜻하고 정직
한 사회를 만들어 누구나 살고 싶은 나라가 되기를 간절히 소망한
다.

제주 바다 샘

　앞으로 세계는 식량이나 에너지 자원보다는 살아 있는 물을 찾고 확보하기 위한 지역 간, 국가 간 다툼이 더욱 심해질 것이라고 예고하는 학자들이 많다.

　얼마 전에는 아프리카의 한 어머니가 어린아이 5명을 데리고 8킬로미터의 흙먼지로 이어지는 먼 길을 맨발로 걸어 물을 길어오는 모습을 소개하는 TV 프로그램을 본 적이 있다. 육안으로 보기에도 흙탕물이라고 밖에는 말할 수 없는 오염된 물이었는데, 이들은 이 물을 식수로 사용한다고 했다. 물이 곧 생명이며, 생명을 보존하기 위해서는 좋은 물을 확보해야 함을 일깨워 준 계기가 되었다.

　옛날에는 우리나라가 자원이 많지 않아 자연적으로 가난할 수밖에 없는 나라로 생각하는 사람들이 많았다. 그래서 우리나라를 가리켜 "석유 한 방울도 나지 않는 나라, 자원도 없는 빈국"이라고 표현해왔다. 그러나 실상을 알고 보면 하나님께서는 사람들이 살아갈 수 있는 환경을 공평하게 하셔서, 중동 지역 같은 사막에는 석유를 주셨고, 아프리카 지역과 같은 메마른 곳에는 많은 지하자원을 주셨으며, 우리의 경우에는 금수강산에 좋은 물을 주셨는데, 문제는 자연을 통해 주신 자원을 그곳에 사는 사람들이 어떻게 잘 보존하고 관리하느냐에 따라 부를 누릴 수도 있고 가난에 처하기도 한다는 것이다. 우리나라의 경우에는 자연환경을 임의적으로 훼손하여 축복으로 받은 물 자원을 체계적으로 관리하지 못하여 지하 관정을 마음대로 파헤치고 방치하여 핏줄처럼 연결된 수맥을 오염시켜서 이대로라면 앞으로 얼마가지 않아 물로 인한 심각한 재앙이 있을지도 모르는 지경이 되었다.

우리나라의 하와이로 불리며, 소중한 보배로 보존되고 있는 제주도에 가면 자연과 삶에서 물의 소중함이 어떤 것인가를 실감하게 된다. 제주도는 물이 있는 곳과 물이 없는 곳이 분명하게 갈려 있는 땅이다. 강우량이 다른 지역보다 비교적 많은 곳이지만, 한라산 정상에서 낮은 지역까지 쭉쭉 내리는 비는 잠시의 머무름도 없이 바로 땅 속으로 사라져서, 언제나 목마른 땅이 제주도의 지형적인 특징인 것이다.

"제주도는 화산의 불덩이가 솟아올라 만들어진 땅으로 타고 있는 속살을 식히기 위해 빗방울을 하나도 남기지 않고 삼켜버린다"는 우스갯소리를 듣기도 한다.

전해지는 애기로는 제주도에 처음 정착하여 삶을 시작했던 사람들이 가장 먼저 찾았던 우물이 모두 바닷가에 자리 잡고 있었다고 한다. 숭숭 패인 모습으로 구멍 난 용암과 그 부스러기 돌 사이로 스며들어 사라지는 빗물이 다시 바다 속에서 솟아 오른 바다 샘이 바로 제주도에 있는 우물이라고 한다.

이 바다 샘들은 조수(潮水)가 들어차면 바다의 중압에 눌려 있다가 물이 빠져나가는 틈에 다시 솟아오르게 된다는 것이다. 그것을 제주 여인네들이 물허벅(제주도에서 주로 쓰이는 물동이)으로 길어 내어 그 물을 먹고 마셔 오늘날까지 생명을 보존하고 종족을 번성케 되었다고 한다.

바다의 수압에 의해 뿜어진 샘물은 바다 밑 바위 층에 묻힌 거대한 물탱크 속에서 한라산이 폭발을 멈춘 순간부터 계속 모이고 모아져서, 그 고인 물에는 줄잡아 2만 년 이상 된 물이 지금까지 섞여서 잘 보존되고 있다는 지질학자의 소견을 듣게 된다.

갯마을에서 평생을 보내신 여든다섯을 넘기신 한 할머니는 "오늘날에는 상수도 시설이 잘 되어 물 귀한 줄 모르고 편하게 쓰고는 있지만 깨끗한 물은 아니여. 쏘는 듯하면서 정(淨)했던 그때의 물맛을 잊지 못해."라고 하시면서 치성드릴 때면 머리 감고 정성드려 제를 드렸던 바다 샘, 진짜 그 물맛이 그립다고 하셨다.

우리는 지금 2만 년의 생명을 간직하고 있는 제주도의 바다 샘을 잊어버리고 있는 것은 아닌지, 아니면 우리 스스로가 버린 것은 아닌지, 다시 일깨워 보아야 할 중요한 시점이 되었다. 바닷가

갯마을에 들어서 옛날 바다샘을 찾아야 한다고 얘기하면, 별것을 다 찾는 얼빠진 사람, 이상한 사람으로 비웃음거리가 될는지도 모르지만, 이 일만은 꼭 시급하게 서둘러야 한다는 생각이다. 제주도는 하나님께서 우리 민족에게 주신 보물이 지금까지 남아있는 유일한 땅인 것을 바다 샘을 찾아 세계인들에게 보여줘야 한다. 2만 년이 넘는 생명수, 살아 숨 쉬는 미네랄워터, 그 물을 볼 수 있고, 마실 수 있게 하여 생명을 보존할 수 있게 하는 유일한 땅이 제주도인 것을 우리가 보이고 알려주어야 하지 않을까?

이 일에 우리 모두 최선을 다해야 한다. 어찌 보면 지구촌에 몇 개밖에 남아 있지 않은 마지막 순수한 생명수를 우리가 지켜내 모든 사람들이 바다 샘에 머리 감고, 정성을 다해 세계의 평화와 자연을 보존해나가는 보배로운 땅으로 살려내야 할 책임이 우리에게 주어졌다는 사실을 인정하고, 이 일에 우리 모두 최선을 다 할 것을 요청한다.

2

어떻게 살아야 하나

평안을 주는 정의 | 용서 받지 못할 죽음 |
어떻게 살아야 하나 | 코 | 뿌리있는 삶 | 우리
돈 | 치유받은 날 | 쓰나미와 일본인

평안을 주는 정의

하버드대학에서 20년 전부터 지금까지 최고의 명 강의로 이름을 내고 있는 마이클 샌델(Michael J. Sandel) 교수가 쓴 《정의(Justice)란 무엇인가》를 읽었다. 마이클 샌델 교수는 27세에 최연소 하버드대학 교수가 되었고, 1980년부터 현재까지 정치철학을 가르치고 있으며, 그의 〈돈으로 살 수 없는 것들〉과 〈정의란 무엇인가〉 강의는 현재까지 20년이 넘도록 학생들 사이에서 최고의 명 강의로 꼽히고 있다고 한다. 무엇이 옳은 것인지에 대한 많은 사례를 통해 더 많은 생각과 고민을 하게 하는 내용이었다. 처음 책을 접했을 때에는 정의가 무엇인지에 대한 명쾌한 해답을 얻을 수 있겠다는 기대가 있었으나 오히려 정답을 얻기보다는 더 많은 질문과 나의 생각을 정리하게 하는 내용들로 채워져 있었다.

사람이 이 땅에서 살아가는 동안 가장 소중한 것이 무엇일까? 돈, 명예, 아름다움, 훌륭한 자녀 등 끝이 없는 욕망 가운데 선뜻 어느 것이 가장 좋은 것인가에 대한 답을 찾아내기가 쉽지 않다. 건강은 어떨까? 그렇다. 건강이 가장 중요한 것이라 생각할 수도 있다. 모든 것을 다 소유했다 하여도 건강을 잃게 되면 모든 것이 가치 없는 것이 되기 때문이다. 그러나 좀 더 깊이 생각해보면 건강마저도 가진 것 없이 모두가 떠난 외로움 속에서 홀로 오래 살게 된다면 그 건강도 고통이 되지 않을까. 결론은 하루를 살아도, 돈이나 명예가 부족하여 부요한 삶이 아닐지라도 한 순간 한 순간을 평안하게 사는 것이 아닐까 생각하게 된다.

나는 지금 평안한가? 나에게는 기쁨이 있는가? 왜 평안을 쉽게 갖지 못하는 것일까? 사람이 살아가는 동안에는 수많은 생각의 계산속에 무언가를 쉼 없이 얻기 위한 욕망 가운데 살아가면서 각자의 마음에 간직된 생각이 때로는 주관적인 편견과 고집과 주장으로 충돌하게 되어 그 결과는 갈등을 확대 재생산하게 되며, 그 갈등은 자신의 내면에 불안과 미움과 절망을 깊게 하여 삭막한 관계로 이어지는 해결하기 어려운 문제가 되기 때문에 가장 소중한 평안을 소유할 수 없게 되는 것이 아닐까.

가정에서도 친구 간에도 이웃과도 집단이나 국가 간에도 수많은 갈등의 요인이 되는 것은 주관적으로 설정한 자기만의 정의를 상대에게 받아들이기를 강요하기 때문에 나타나는 경우가 허다하다.

그렇다면 누구나 승복하며 긍정할 수 있는 정의는 존재할 수 없는 것일까? 만일 모두가 받아들일 수 있는 절대적인 정의가 있다면 갈등이나 다툼, 그리고 전쟁까지도 막을 수 있게 되어 모두가 소망하는 평화를 누릴 수 있지 않을까.

어렸을 때부터 노년에 이른 지금까지 생각하게 되는 것은 누구의 말과 생각과 행동이 옳은 것인가 하는 것이다.

몇 주 전에는 언제보아도 또 보고 싶었던 영화 〈레미제라불〉을 관람했다. 더불어 살아가는 공동체에서는 누구나 예외 없이 지켜야 할 규범이 있다. 동기야 어떠하든 빵을 훔쳤으며, 도망자에게 안식처를 제공해준 신부의 온정을 저버리고, 예배를 위한 기물을 또다시 훔친 장발쟌은 마땅히 불의한 사람이며, 도둑을 잡아 처벌하기 위해 끝까지 추적하는 쟈벨 경감은 의로운 사람으로 평가되는 것이 마땅하다. 그럼에도 정작 대부분의 사람들은 장발쟌을 의로운 사람으로, 쟈벨 경감을 불의한 사람으로 생각하게 되는데, 이 같은 정서는 약자를 배려하는 동정의 마음과 함께 사회 구성원으로서 규범에 대한 예외의 특별성을 인정해야 하는 것인지에 대한 갈등이 남는다. 왜냐하면 특별한 예외를 누리는 사람은 자칫 강자의 전유물이 될 가능성이 높기 때문이다.

몇 해 전 내가 원했던 일이 아니었지만 내가 섬기는 교회에서 사무국 업무를 담당하게 되었다. 출근 첫 날, 50여 명의 직원들이 무슨 일을 하고 있는지에 대한 확인과 검증의 필요성을 갖게 되었다. 약 2주간에 걸쳐 각자가 무슨 일을 담당하고 있으며, 일과시간

중 시간대별 업무처리 내용이 어떠한지를 확인하기 위하여 직원 개인별 직무분석을 시행하게 되었다. 이를 분석한 결과, 업무처리 방법을 개선하게 되면 몇 명의 직원을 줄일 수 있으며 교회 예산도 절감할 수 있다는 것이었다.

고민 끝에 직원 8명을 감원하기로 결정했다. 일부의 반대와 어려움이 있었지만 아픔을 감내하며 당초 결정대로 직원을 내보냈다. 이 같은 결정에 대해 마땅히 해야 할 일을 했다는 측과 교회가 어려운 사람들을 감싸고 끝까지 함께 가야 하는데 세상적인 기준과 방법으로 평가하여 일자리를 빼앗은 것은 매우 불의한 것이었다는 상반된 평가를 받게 되었다. 그 일이 있은지 몇 년이 지났지만 지금까지도 이 사안에 대한 올바른 답을 찾지 못하고 있다. 처음에는 직원을 줄이는 것이 옳았다는 확신으로 불의라고 얘기하는 사람들에 대한 섭섭함이 있었지만, 지금은 그때 결정이 옳은 것이었는지에 대한 정답을 다시 생각하게 된다. 개인이 자기만의 지식과 경험으로 산출한 기준이 다른 사람들도 무조건 수용해야 할 절대적인 정의가 될 수는 없다는 생각 때문이다.

대부분의 기독교인들은 예배 시간에 사도신경으로 신앙고백을 한다. 그 내용 중에는 당시 재판관이었던 빌라도가 죄 없는 성자 예수님을 본인의 영달과 민중들의 동요가 무서워 십자가에 못 박으라는 판결을 하여 죽게 했다는 내용이 나온다. 분명 빌라도는 하나님의 아들이며 죄 없으신 예수님을 십자가에 못 박게 한 재판

관이었기 때문에 용서받을 수 없는 불의한 자로 저주하는 것이 마
땅하다.

그러나 하나님께서는 이 땅의 모든 사람들이 용서받을 수 없는
죄인들이기 때문에 이들을 용서하시기 위하여 외아들을 십자가에
내어주실 결정을 오래전에 이미 하셨고, 이를 실행하시기 위하여
빌라도를 사용하신 도구로 이해한다면, 빌라도의 행위가 불의하였
다고 단정짓는 것은 결코 옳은 생각이 아닐지도 모른다.

노자는 《도덕경》에서 이 땅에 존재하는 모든 현상에는 알 수 없
으나 스스로 존재하며 작용하는 그 무엇이 있다는 도(道)를 주장
하였고, 자기만의 욕심과 주장을 버리고 상대의 주장을 배려하는
무욕(無慾)의 삶, 무위자연(無爲自然)의 삶을 가르쳤다.

분명한 사실은 모든 만민이 긍정할 수 있는 정의와 그렇지 않은
불의가 구분될 수 있다면 모두가 평안과 기쁨을 소유할 수 있을
것이다. 그러나 불행하게도 이해관계의 당사자로 살아가는 현실
속에서는 보편적이며 절대적인 정의가 존재할 수 없다는 것이다.
왜냐하면 절대적인 정의는 결코 불완전한 인간의 영역이 될 수 없
고, 오직 우주 만물의 절대자이신 하나님의 영역에 속해 있기 때
문이다.

그리웠던 파란 하늘 아래, 시원한 바람이 이마를 스치는 탄천을
걸으면 잡다했던 만사를 내려놓는 편안함을 느끼게 된다. 쉼 없이

재잘거리며 흘러내리는 시냇물 속에는 잉어, 붕어, 가물치, 장어, 자라 등 어린 날 강가에서 쉽게 볼 수 있었던 많은 물고기들의 여유로운 모습이 나의 어두웠던 눈과 귀를 씻어준다. 백로와 흑두루미, 그리고 황새 떼와 오리 떼에게 평온한 삶의 터전을 제공하면서도 낮은 곳에서 더 낮은 곳으로 겸손과 관용과 베풂의 가르침을 보여주는 시냇물의 조용한 흐름을 보고 있으면 많은 교훈을 얻게 된다.

갈등을 해소하기 위해서는 강퍅한 우리 마음이 자연의 가르침에 순종하여, 평안의 정의는 무엇인지 근본을 찾아 고민하며 쉼 없이 겸손하게 흘러내리는 순전한 마음을 먹고 마시고 싶은 갈증을 느끼게 된다. 이제 나와 특정 집단의 관점에서 쟁취하려는 정의는 불완전한 것이라는 사실을 인정해야 하지 않을까.

개인이나 집단이나 국가는 어떤 상황에서도 그들의 의견을 자유롭게 표현하고 이야기할 수 있어야 한다. 그러나 의견의 본질이 변질되어 관철을 위한 강압적인 주장이나 힘에 의한 지배가 되어서는 안 된다. 그것은 갈등과 반목의 결과를 낳게 되는 쟁론이며, 약자에게 울분을 남기게 하는 강자의 일방적인 폭력이 되기 때문이다.

이제는 모두가 삶을 무겁게 하는 욕심과 그로 인한 교만을 내려놓아야한다. 가을의 하늘 아래 말없이 손짓하는 길가의 벤치에 앉아보자. 그리고 조용히 물어보자. 만인에게 평안을 주는 정의는 무엇이냐고.

　이것이 진정한 사색이며 성찰이며 기도가 아닐까 하는 생각을 갖게 된다. 시냇가에 서 있는 녹음방초의 자연은 채색 되어지는 오색 잔잔함의 정점을 지나 이제는 낙엽이 되어 허망하게 사라지는 계절의 흐름을 예고하고 있다. 참 정의를 선포할 자 아무도 없는 인간의 한계 앞에서 참 평인이란, 지극히 작은 일에 집중하며, 손해 보는 삶, 바보 같은 삶을 기꺼이 즐기는 것임을 깨닫게 된다.

용서받지 못할 죽음

지난밤에는 죽은 사람과 만나는 꿈을 꾸었다. 공직에서 함께 일하다 2004년 봄 한강에 투신자살한 지인과 함께 했던 악몽의 긴 밤이었다. 온 밤을 그분과 함께 뒤척이다가 깨어남을 반복했기에 어지럽고 피곤하여 침침한 아침을 맞게 되었다.

죽음이란 무엇인가? 이 아침 창 너머 가까이 있는 뒷산에는 겨우내 죽은 듯 잿빛으로 앙상하게 메말라 보였던 나무들이 어제 내린 빗물을 뽑아 올려 연초록 잎으로 새 옷을 입는 부활의 신비함을 보여주고 있지만, 나는 자연이 나에게 주는 현상과는 다르게 죽음을 생각해야 하는 우울한 시간을 맞고 있다.

이 순간에도 자신의 명을 다한 죽음이 있는가 하면, 꽃다운 나이에 철로 만든 함선이 두 동강이가 되어 차가운 바다 속에 수장된 우리네 아들들의 기막힌 죽음도 있고, 수재들만 모였다는 대학 캠퍼스에서 스스로의 목숨을 거두는 자살도 있다. 형태만 다를 뿐 사회 곳곳에서 여러 형태의 죽음이 수없이 계속되고 있는 것이다.

죽음은 왜 그렇게 다양한 형태를 보여주는 것일까? 바람이 스쳐 지나가듯 그저 왔다가 비통한 흔적을 남기고 떠나는 죽음이 많아지는 것은 어찌된 일인지, 몇 번이고 반복하여 물어보는 질문이 되었다. 무섭고 견디기 힘들 것 같은 죽음을 주위에서 가깝게 보고 생각하면서 그 이유에 대해 심각한 질문을 던져보지만 그에 대한 답은 그리 명쾌하지 않다.

만일 모든 사람이 죽음의 문제에 심각하게 매달린다면, 사회는 헤아릴 수 없는 번민의 혼돈 속으로 빠져들어 끝내는 헤어 나올 수 없게 될 것이고, 그로 인해 개인과 가정과 사회에 미치게 될 영향은 감당하기 어려운 지경까지 빠지게 될지도 모를 일이다.

죽음에 대한 질문은 극히 일부의 사람만이 터득한 깨우침은 있겠지만, 그것은 몇몇 사람에 국한될 뿐 모든 사람을 이해시키는 보편적인 깨달음은 되지 않고 있다. 그러기에 왜 죽어야 하느냐의 질문은 부질없는 것이겠지만, 반드시 다가오는 죽음을 어떻게 맞이해야 할 것인가를 생각해보는 것은 누구에게나 온당한 것이 아닐까 생각하게 된다.

셰익스피어는 그의 희곡 《줄리어스 시저》에서 "겁쟁이는 죽음에 앞서 여러 번 죽지만 용감한 사람은 단 한 번 죽을 뿐이다."라고 기록하고 있다. 이 말은 죽음의 무서움 앞에 밤낮 죽음을 생각하는 것보다는 열심히 살다가 언젠가 찾아오는 한 번의 죽음을 의

연하고 담담하게 맞는 것이 좋다는 의미가 아닐까.

죽음은 노쇠하여 죽든, 병들어 죽든, 사고로 돌연사를 하든 똑같이 예측할 수 없는 시간에 찾아온다. 자살의 경우도 자신의 의지로 예측된 시간에 죽음을 맞는 것 같지만, 자살 미수에 그친 사람들의 공통된 얘기는 본인도 생각하지 못한 어느 한 순간에 죽음의 의지가 발동되었다는 증언이고 보면, 자살도 역시 예측할 수 없는 순간에 온다고 할 수 있다.

만일, 죽음을 예측할 수 있게 되어 태어나는 순간부터 죽을 때를 미리 알고 있다면, 개개인의 가치관이 달라지고 살아가는 형태도 크게 바뀌며 역사가 무섭게 요동치는 상상할 수 없는 사태가 벌어지게 될 것이다. 이것은 운동 경기가 시작되기 전에 결과를 미리 알고 있는 것처럼 삶의 의미와 맛을 상실하게 되는 혼란과 무질서로 변하게 될 것이다. 그래서 사람은 어느 누구도 내일 일을 알 수 없기 때문에 예언을 한다는 것도 신의 도움 없이는 어디까지나 자신의 예측일 뿐 만인이 인정하며 긍정할 수 있는 정확한 예언을 할 수 없는 것이다.

어찌되었든 사람의 죽음은 하나님만이 알 수 있는 영역이라는 사실에 그렇지 않다고 얘기할 수 있는 사람은 많지 않을 것이다. 공자도 "죽음도 죽은 후의 일도 죽음에 대해서는 일체 거론하지 말라."고 제자들에게 일렀다. 다만 "아침에 도를 들어 깨달으면 저녁에 죽어도 좋다."고 말했을 뿐이다. 이 말은 알 수 없는 죽음보

다는 삶에 있어서 깨우침에 절대적인 비중을 두라는 의미일 것이
다.

러시아의 작가 안톤 체호프는 "역시 사람은 사는 것이 좋다."고
하면서도 "죽음은 무서운 것이지만 그보다 더 무서운 것은 사람이
영원히 살아 언제까지나 죽지 않는다는 것"이라고 했다. 우리 조
상들 모두가 지금껏 살아 계시다면 어떻게 될까? 그야말로 이 나
라는 오만 가지 사람 귀신들로 북새통을 이루는 험악한 광경이 벌
어질 것이 뻔하다.

일정한 시간 치열했던 운동 경기가 끝나면 선수들은 퇴장하고
관중들도 각자의 집으로 돌아가야 한다. 정상에 오르는 사투를 벌
였지만 정상에 머무는 시간은 잠시일 뿐 곧바로 내려와야 하는 것
이다. 사람이 이 땅에서 사는 것은 일정한 기간으로 그 기간이 차
면 이 세상을 떠나는 것이 이치인 것이다. 그 누가 이 같은 하나님
의 뜻을 거역할 수 있단 말인가?

인류 역사상 죽지 않은 사람은 한 사람도 없었다. 혼자만 죽는
것이 아니라 모든 사람이 다 죽기 때문에 억울함도 서러움도 있을
수 없는 것이다. 다만 바람이 있다면 되도록 편안하게 수명을 다
하는 죽음을 맞이하고 싶고, 사고로 돌연사 하는 비극보다는 자연
사를 원할 뿐이다.

나의 외할머니는 93세까지 무병으로 지내시면서 주야로 성경을
읽으시고, 자녀들을 위한 기도 생활 속에 지내시면서 아들과 딸들

의 효성과 손자 손녀들의 사랑을 받으시다가 돌아가셨다. 마지막 순간도 편안했다. 저녁 식사 후 TV를 보신 후 방으로 드셨는데 다음날 아침 일어나실 시간까지 인기척이 없어 방문을 열었더니 주무시는 듯 편안하게 숨을 멈추셨던 것이다. 본인이 살아생전 입버릇처럼 기도하시던 대로 주무시다가 편안히 돌아가신 것이다. 우리는 할머니의 죽음 앞에서 '행복한 죽음', '수를 다하신 죽음'이라며 편안한 마음으로 할머니를 보내드릴 수 있었다.

나에게 오게 될 죽음은 어떤 죽음이 될 것인가? 두려움도 있지만 외할머니의 죽음을 생각하며 나도 잠자듯 편안한 모습으로 이 세상을 떠나게 되길 간절한 마음으로 기도드린다.

어젯밤에 찾아왔던 꿈을 말끔하게 지워버리고 싶다. 이외수 작가가 쓴 《여자도 여자를 모른다》 중에 자살을 생각하지 말라는 글귀가 있다. 아무리 힘들다 해도 자신의 생명을 스스로 끊어버리는 자살은 마지막까지 큰 죄악을 범하게 되는 것임을 명심해야 한다. "그대가 자살해버리면 이 세상 어딘가에서 그대를 사랑하기 위해 열심히 살고 있는 사람과 그대에게 사랑받기 위해 최선을 다해 살아가고 있는 사람이 겪게 될 실망과 좌절의 고통을 생각하라"고 했다.

몇 년 전에는 공직에 있을 때 부딪치고 때로는 언쟁하며 서로의 업무를 챙겼던 장관직을 역임한 모 대학 총장이 자살했다는 충격적인 소식을 들었다. 남긴 유서에는 "악마의 덫에 걸려 빠져나가

기 힘들다. 모두 내가 소중하게 이어온 만남에서 비롯됐다"는 내용을 남겼다. 빠져나오기 힘든 덫은 무엇이었을까? 아무리 어려운 문제도 함께 얘기하고 언쟁하고 싸우다 보면 해결되지 않을 일이 없다 했는데…. 마음의 그릇이 남달리 크다 했고 호탕한 웃음을 거리낌 없이 보여주었던 그 친구가 이제는 불행한 옛사람이 되고 말았다. 사랑하기 위해, 사랑 받기 위해 열심히 살아가는 아내와 자녀들에게 남기게 되는 무거운 짐을 누가 대신할 수 있단 말인가?

사람이 자신의 목숨을 스스로 끊는 것은 어떤 이유로도 용서받을 수 없으며, 이 땅에서 가장 큰 죄를 범하는 것이 된다. 자살은 살아 있는 사람의 꿈에서까지 고통과 아픔을 안겨주는 죄악이다. 자살로 이어지는 어두움의 행렬을 이제는 끊어야 한다. 죽음의 문을 두드리는 악령들을 불살라야 한다. 일어나라고, 정신 차리라고, 더욱 열심히 뛰어보자고, 그리하여 우리 모두 깊은 연민과 따뜻한 사랑으로 함께 어깨동무하는 건강한 사회를 기필코 만들어야 한다.

어떻게 살아야 하나

　나그네 길을 걸어오면서 쉼 없는 질문은 반복되는 실패를 경험하면서 "어떻게 살아야 할 것인가?"였고, 그 대답은 "잘 살아야 한다."는 것이었다. 그러나 세상살이가 그렇게 쉽게 내 뜻대로만 되지 않는 것 같다. 아무도 알 수 없는 새로운 길을 가고 또 가야하는 인생이기 때문에 내 의지와는 다르게 잘못과 실수를 반복하여 후회와 질책으로 깊은 수렁의 늪에서 빠져 나오지 못했던 탄식이 있었다. 그 아픔이 얼마나 컸던지, 경험해보지 않은 사람은 이해하기 어려울 것이다. 그러나 지난날의 잘못에 대한 적당한 후회와 질책은 자신을 바르게 교정하는 명약이 될 수 있지만, 지나친 죄책감은 스스로에게 무기력과 냉소의 자기학대가 되어 결국에는 영혼의 뿌리까지 병들게 한다는 것을 경험하게 되었다.

　미국의 심리학자 윌리엄 제임스는 "나의 앞날은 지난날에 대한 후회와 괴로움이 아니라 원대한 목표를 설정하는 새로운 결심의 행동이 쉼 없이 반복되는 것"이라 했으며, 소설가 트라이안은 수용소에 함께 있던 모리츠에게 "어떤 공포도, 슬픔도 끝이 있고 한계가 있기 때문에 오래 슬퍼할 필요가 없다고, 이런 비극은 삶의 테두리 밖의 것, 시간을 넘어선 것"이라고 했다. 그래서 사람이 생각할 수 있는 기준에 도달한 순간 제일 먼저 해야 할 것은 지난 날에 대한 질책과 후회보다는 자신의 새로운 목표를 분명하게 세우라는 가르침을 주었다.

지금, 나에게는 새로운 목표가 있는가? 그 목표의 목적은 무엇인가? 기업을 경영하는 분들도, 학생도, 농부도, 장사하는 아주머니도, 땀 흘리는 이유가 있으며 심지어 도둑도 그 나름의 목적이 있을 것이다.

중요한 것은 새로운 목적이 이기(利己)의 독선으로 자신만을 위한 것이라면 그것은 회복할 수 없는 후회가 되기 때문에, 속히 목적을 수정하여 바꾸는 일을 서둘러야 한다는 것이다. 나만을 생각하는 삶의 목표는 자신뿐 아니라 이웃한 모든 사람들과 전체를 병들게 하는 전염병이 되기 때문이다.

겨우 몸 하나 눕기에도 좁은 쪽방에서 홀로 살아가는 80대 할머니가 계신다. 그 할머니는 자녀가 있음에도 돌봄을 받지 못하고 외로움과 잔병을 안고 하루하루를 살아가지만, 살아 있는 동안에는 결코 시간을 낭비할 수 없다 하여 산동네 아래 시장 입구에서 야채며 나물을 파는 행상을 하고 계신다. "할머니, 너무 힘드신데 얼마를 벌자고 그렇게 힘든 일을 하세요?"라고 물었다. 그 할머니의 대답은 단호했다. "내 다리 움직일 수 있을 때까지는 이 자리를 지켜 돈을 모을 거여." 돈 모아 무엇 하실 거냐고 물었더니 "내 꼭 쓸 데가 있다."고 하신다. 자신이 사는 산동네에 아빠 엄마 다 죽고 할머니가 키우는 꼬마가 하나 있는데, 자신이 죽은 후 내가 모은 돈을 그 애 공부하는 데 쓰라고 남겨 줄 거라고 하시며 쩌렁쩌렁 목소리를 높이신다.

좋다는 음식 한 번 먹어보지 못했고, 자식 효도 제대로 받지 못하고 하루하루를 살아가는 할머니에게도 열심히 살아야 하는 이유가 있었던 것이다. 그것은 성공한 기업가나 높으신 분들도 생각하지 못한 아름답고 선한 것이며, 나만 먹고 입고 마시기 위한 것이 아니라 내 이웃을 위한 헌신의 고귀함이었다.

시골 마을에 가난한 농부의 아들로 태어난 한 아이가 있었다. 그는 집안 형편이 어려워 학교 수업을 제대로 받지 못했다. 그러나 그에게도 장래에 대한 꿈이 있었는데, 그 꿈은 돈을 많이 벌어 부자가 되는 것이 아니라 훌륭한 목사가 되어 사람들을 가르치며 그들 앞에서 설교하는 것이었다. 그래서 수도원 합창단원이 되었으며, 교회에 나가 예배드리고 설교 듣는 일에 열심을 다했다. 그는 평소 성경에 대한 많은 책을 즐겨 읽었고, 인디언과 카우보이의 이야기도 감명 깊게 듣고 이를 자신의 삶에 실천하기 위한 노력을 게을리 하지 않았다. 또한 음악에 특별한 뜻을 두어 한 자리에 앉아서 바그너의 작품 〈로엔그린〉을 연속으로 열 번이나 듣는 열정도 있었다. 또 어렵고 힘든 환경에 처한 사람에게 지극한 관심으로 따스한 정을 보였으며, 어느 때에는 가난한 사람에게서 받은 두 개의 달걀을 받아 쥐고 감격의 눈물을 흘리고는 목이 메어 먹지 못했다고 한다.

이 사람이 누구인가? 세계가 너무도 잘 아는 '아돌프 히틀러' 다. 어찌된 일일까? 그는 인류 역사상 가장 잔인한 악마의 대표로 꼽히는 사람이 되었다. 성직자의 꿈을 갖고 음악에 심취하여 사랑과 헌신의 길을 찾아 걷던 그가 수백만 명의 사람을 잔인하게 죽인 인류 역사 상 찾아 볼 수 없는 광란의 살인마가 된 것이다.

우리의 마음을 지배하는 것은 누구나 악하게 될 수도, 선하게 될 수도 있는 양면적인 힘이 존재한다고 한다. 존경받던 성직자가 가장 사악한 사람으로 바뀔 수도 있는가 하면, 극악무도한 살인마도 가장 거룩하고 선한 사람이 될 수 있는 잠재된 힘이 있다는 것이다. 우리는 흔히 선한 사람과 악한 사람을 나눌 때, 타고난 환경이 중요하다고 말한다. 그러기에 누구나 부유하고 좋은 환경의 가정, 그리고 최강의 힘을 보이는 나라에서 태어나기를 바랄 것이다. 나도 어린 날, 가난한 가정에 태어나서 나는 왜 부잣집, 미국과 같은 부유한 나라에서 태어나지 못한 것일까, 원망했던 때가 있었다.

그러나 그것이 사람의 힘으로 가능한 일인가? 태어나는 환경은 단순한 선택의 문제가 아니다. 역사상 아름다운 이름을 남긴 수많은 사람들은 어렵고 힘든 출생의 환경에서도 정직과 근면과 성실로 위대한 목표를 향해 온갖 유혹의 위험한 지경을 뛰어넘어 이웃과 세계를 품는 빛나는 사람들이 되었던 것이다.

문제는 어디에 있는 것일까? 그것은 우리가 추구하며 달려가는 '삶의 자세'에 있는 것이다. 어떤 가정, 어떤 나라에서 태어났는가, 어느 학교를 나왔고 무슨 학위를 받았느냐가 그렇게 중요하지 않다는 것이다. 보다 중요한 것은 지금 내가 추구하고 있는 목표가 나만을 위한 것이 아니고, 모두를 위해 최선을 다하고 있다는 그 사실이다. 지금까지 달려왔고 또 달려가는 과정에서 추구해야 할 방향이 제대로 되어 있는지를 수시로 점검하고 확인하여 자신을 정직하게 다듬는 일을 소홀히 하지 않는 것이 인생을 성공적으로 살게 되는 것이 아닐까.

어느 누구나 꿈을 잃게 되면 삶의 전부를 상실하게 된다. 꿈이 있기 때문에 힘이 생기고, 힘이 있기에 어떠한 어려움도 극복할 수 있는 인내와 끈기를 얻을 수 있기 때문이다. 그러나 세운 꿈의 내면에 악함이 있다면 아무리 열심히 달려왔다 해도 그 결과는 악의 열매가 될 것이다.

성경의 많은 부분을 기록한 바울은 "나는 이 모든 것을 이미 얻었다는 것도 아니요, 또 이미 완전해졌다는 것도 아니다. 다만 그것을 잡으려고 달려가는 것뿐이다. 나는 그것을 잡았다고 생각하지 않는다. 오직 한 가지 뒤에 있는 것을 잊어버리고 앞에 있는 것을 잡으려고 온 몸을 앞으로 기울여 목표를 향하여 달려가는 것뿐이다”라고 했다. 앞에 있는 목표를 힘 있게 잡기 위해서는 가장 먼저 지난날의 후회들을 과감하게 털어내지 않으면 안 된다. 후회의 되새김은 하나의 이정표가 될 수 있을지 모르나, 때로는 불행을 만드는 좌절이 될 수도 있는 것이다. 바울은 길을 가는 모든 인생들에게 뒤에 있는 것을 잊어버리라고 했다. 오직 한 가지 앞에 있는 선한 목표를 향하여 지금 몸을 그 방향으로 기울여 달려갈 뿐이라고 했다.

뿐만 아니라 과거의 작은 성공에 도취하게 되면 교만의 태산이 안목을 가리어 길을 잃게 만들고, 마침내는 절망의 늪으로 빠지게 된다는 사실도 잊어서는 안 된다.

어찌 보면 지나간 과거는 내 것이 아니다. 나의 소유에서 이미 떠나 버린 것이다. 쪽방 할머니에게도 지난날의 기막힌 사연과 한 많은 아픔이 있었음이 분명하다. 그러나 그 분에게는 지금 현재의 갸륵한 뜻과 그 목표를 향한 강인함만 있을 뿐이다. 현재, 오늘, 지금 이 시간이 얼마나 소중한 순간인지 깨닫게 된다.

“어떻게 살아야 할 것인가?” 반복되는 질문에 “잘 살아야 한다.”는 정답 앞에서 우리가 해야 할 것은 지난날의 실수와 과오를 용서하고 화해하는 과정을 지나 다시 세운 목표를 향해 힘 있게 달려가는 쪽방 할머니의 목적 있는 삶이라는 결론을 얻게 된다.

코

얼마 전 콧등에 긴 지방을 빼낸다고 온 힘을 다해 코를 짓눌렀더니 콧등이 빨개지면서 따끔거려 병원을 찾았다. 젊은 의사선생의 말이, 코는 수많은 신경과 모세혈관이 지나가는 곳이기 때문에 무리하게 힘을 주어 지방을 빼내게 되면 많은 모세 혈관이 파괴되어 평생 빨간 코로 지닐 수도 있다는 경고를 받았다. 코는 얼굴의 여러 부위 중에서 매우 소중한 부분이므로 평소에 조심성 있게 관리해야 하며, 여자들이 화장할 때도 코 부위를 매우 주의 깊게 찍고 바르는 것도 그 때문이라는 것이었다. 평소 몰랐던 지식을 학습하고 돌아오는 길에서 내 코뿐 아니라 다른 사람들의 코도 주의 깊게 살펴보면서 코에 대한 생각을 하게 되었다.

성경에서는 하나님께서 인간을 흙으로 빚어 창조하실 때 코에 생기를 불어 넣으셨다고 기록되어 있다. 바로 코는 하나님의 거룩한 영이 사람의 몸 안으로 들어온 생명의 통로가 되었던 곳인데도, 그동안 코의 귀중함을 모르고 살아왔기에 코에 대해 미안하다는 생각을 갖게 되었다.

외국 여행을 하다 보면 많은 사람들이 코에 피어싱을 하고 있는 모습을 보고 무척 거슬리게 생각했던 나의 시선이 지극히 잘못된 것이었음을 깨닫게 된다.

성경 이사야 3장 21절과 에스겔 16장 12절을 보면 옛날 이스라엘 여인들이 코걸이 장식을 예쁘게 했다는 기록이 있다. 일상에서 우리가 나누는 얘기로 남편이 돈 많은 사장이나 높은 관직에 있는 경우에는 콧대가 높아진다고 하고, 반대로 잘못한 일이 있거나 창피한 일을 당하게 되면 코가 납작해진다는 표현을 사용하고 있다.

코는 얼굴의 중심이 되는 곳에 위치해 눈과 입술과 귀를 정렬시켜주고 있다. 코를 기준하여 얼굴의 모든 부위들이 균형을 이루지 못하면 미인이나 잘난 사람의 범주에 들 수 없게 된다. 뿐만 아니라 코가 기능을 멈추게 되면 몸 전체는 작동을 멈추게 되어 흙으로 돌아가게 된다. 그러기에 코는 휴식시간이 있을 수 없다. 눈도, 귀도, 발도, 손도, 생각마저도 활동을 멈추고 쉼을 갖는 시간이 있지만, 코는 잠자는 순간에도 멈출 수 없는 생명선이 되어 사는 날까지 평생을 쉬지 않고 활동을 계속해야 하는 것이다.

세계 많은 여자 중에서 뛰어난 미인으로 꼽혔던 클레오파트라는 오똑 솟은 코가 다른 사람들과는 견줄 수 없는 미의 기준이 되었다. 오죽 했으면 파스칼이 "클레오파트라의 코가 조금만 낮았더라면 세계 역사가 바뀌었을 것이라”고 하지 않았는가!

자고로 코는 여자들이 공통적으로 갖게 되는 가장 중요한 관심과 관리의 대상이 되었다. 아무리 영롱한 눈망울과 앵두같이 달콤한 입술을 가졌다 할지라도 콧매의 선과 크기가 균형을 이루지 못하면 아름다운 여인으로 인정받지 못하게 된다. 그래서 옛말에 “코가 잘난 여인은 소박맞는 일이 없지만, 코가 못 생긴 여인은 소박맞는 경우가 허다하다”고도 했다. 그래서 코는 사람의 부귀를 판단하는 기준이 되어 “귀 잘난 거지는 있지만 코 잘난 거지는 없다”는 속담도 생겨났는지 모르겠다.

요즘 성형수술이 붐을 이루고 있다. 대부분이 얼굴 부위를 수술하는데 가장 많이 수술하는 곳은 눈의 쌍꺼풀과 함께 코라고 한다. 코는 아름다운 미와 재물의 부, 그리고 영화를 상징할 수 있는 충분한 가치가 있기 때문일 것이다.

성경 레위기 21장 18절에서도 여호와께서 성별된 제사장에 관한 규례를 모세에게 이르실 때에 코가 불완전한 자는 예물을 가지고 나가지 못하게 했다는 기록이 있다.

어린 시절 선생님이 귀엽다 싶거나 꾸중을 하실 때면 내 코를 잡고 비틀어 아프게 했던 기억이 떠오른다. 무슨 의미였을까? 흐트러진 마음을 다스리게 하는 가장 효과적인 방법이었을까, 아니면 잘 생긴 내 코가 탐스러우셨기 때문이었을까?

요즘 세상이 험하다 보니 자다가 코를 베어가는 세상이 되었다는 말이 있다. 그래서 시골에 사시는 분들이 서울 방문을 위해 서울역에 도착하게 되면 조심해야 할 것이 자신의 코를 움켜지는 것이라는 우스갯소리가 있었다. 코가 베이면 내 생명이 베일뿐 아니라 하나님께서 주신 생기의 통로가 잘리게 되어 죽음을 맞게 되기 때문이 아닌가. 이제부터는 더욱 조심하고 조심하여 눈을 감을 때도, 잠을 잘 때도 코가 베이지 않도록, 내 코가 안전하고 아름답게 보전될 수 있는 최선의 관심과 방도를 강구해야겠다.

우뚝 솟은 내 코를 조심스레 만져보니 마음에 기쁨이 가득하다.

뿌리 있는 삶

나에게 "인생은 한 마디로 무엇인가?"라고 묻는다면, 나의 대답은 실체가 보이지 않는 끝없는 '전쟁'이라고 말하고 싶다.

사람은 태어나는 순간부터 죽을 때까지 치열한 전쟁 속에 처하게 된다. 자신과의 싸움에서 시작해 이해득실을 저울질한 후 행동해야 하는 수많은 형태의 싸움, 채웠지만 더 많은 것으로 채워야 하는 욕망, 모든 것을 놓아야 하는 순간까지도 움켜쥐고 내려놓지 못하는 안타까운 싸움이 끝없이 반복되는 것이 삶이고 인생이기 때문이다.

싸움은 반드시 이겨야 한다고 한다. 왜냐하면 패자에게는 참담한 아픔의 고통이 있기 때문이다. 그러기에 싸움에서 지고 싶어하는 사람은 아무도 없을 것이다. 그러나 분명한 것은 누구나 승자가 될 수는 없다는 것이다. 승자가 있으면 반드시 패자가 있을 수밖에 없는 것이기 때문이다.

매년 여름, 우리나라에는 몇 번의 태풍이 지나간다. 2010년 여름에도 세찬 태풍이 우리나라 전역을 강타했다. 태풍이 지나간 후 뒷산을 오르는 길에서 그토록 무성했던 나무들이 뿌리가 뽑히고, 큰 몸통과 가지들이 꺾이고 부러져 길을 찾을 수 없는 어려운 지경을 경험한 적이 있다.

인생도 삶의 여정에서 예측하지 못했던 태풍을 만나게 되는데, 갑자기 몰아치는 태풍에서도 꿋꿋이 견디어 설 수 있는 방법은 없는 것일까? 산을 오르다 보니 뿌리가 깊지 못한 나무들은 뽑히고 부러지는 최후의 죽음을 보여주었지만, 뿌리를 깊게 내리고 튼튼하게 자리 잡은 나무들은 아무런 일이 없었다는 듯 따스한 햇살을 받으며 늠름한 자태를 보여주고 있지 않는가!

〈이솝 이야기〉 중 이런 우화가 있다. 여우와 거북이가 먹이를 찾다가 바나나나무 한 그루를 동시에 발견했다. 서로 자기 것이라고 다투다가 영리하다는 여우가 해결방법을 제시했다. 그 바나나나무를 두 개로 나누자는 것이었다. 거북이로서도 다른 뾰족한 방법이 떠오르지 않아 여우의 제안을 받아들이게 되었다. 바나나 한 그루를 나누는데 열매가 달려 있는 윗부분과 몸통과 뿌리가 붙은 아랫부분으로 나누어 하나씩 갖자는 제안에 따라 여우는 바나나 열매가 달린 윗부분을, 거북이는 열매가 없는 아랫부분을 차지하게 되었다. 약삭빠른 여우는 바나나를 매고 가서 배불리 먹게 되었지만, 거북이는 몸통에 열매가 없어서 당장 배고픔을 참아야 했다. 하지만 뿌리를 땅에 심은 거북이는 당장의 배고픔을 참고 기다린 다음 해부터는 매년 바나나 열매를 먹을 수 있었다는 것이다.

뿌리 없는 열매는 한순간의 배불림이 될 수 있겠지만 항구적인 열매는 되지 않는다는 가르침이 아닌가. 당장은 손해를 보게 되어 배고픈 처지가 되겠지만 뿌리를 선택하여 옥토에 심어 잘 가꾸는 지혜가 승리의 비결이라면, 우리 인생의 뿌리가 되는 것은 무엇일까 생각하게 된다.

파스칼은 우리 인간들을 "바람에 흔들리는 갈대와 같다"고 비유했다. 어린 시절 나는 이 말에 쉽게 동의하지 않았다. 사람을 위대한 존재라 했는데 어찌 그토록 허약한 갈대로 비유했는지, 그 의미를 깨닫지 못했다. 하지만 생각이 자라면서 파스칼이 한 말의 참뜻을 깨닫게 되었다. 사람은 미풍에도 흔들릴 수밖에 없는 존재지만 뿌리를 튼튼히 하여 생각하고 판단할 수 있기 때문에 만물을 지배하게 된다는 것이 파스칼의 참 뜻이었으리라.

모든 사람은 생각하며 살고 있다. 심지어는 모태에서 자라는 그 작은 생명도 생각을 한다 하여 태교라는 이름으로 뱃속 아이를 위한 교육에 열심을 낸다.

그럼에도 불구하고 왜 인생의 전쟁터에서 많은 사람들이 승리하지 못하고 패배자가 되는 것일까? 사람이 살아 있다는 것은 각자의 뿌리가 살아 있다는 것이다. 옥토에 뿌리를 내리고 있든, 자갈밭에 뿌리를 내리고 있든 각자의 토양에서 영양분을 흡수하고 있는 것이다. 자신의 뿌리가 옥토에 자리하여 좋은 수분과 영양소를 충분하게 흡수하는 인생은 튼튼한 모습을 보일 수 있지만, 그렇지 못한 인생은 나약한 모습으로 바람이 불면 쉽게 뽑히고 꺾일 수밖에 없게 된다.

내 인생의 뿌리를 깊게 내릴 수 있는 옥토에서 오염되지 않은 좋은 영양분을 공급받을 수 있는 방법은 무엇일까?

개인과 한 나라의 장래를 예측할 수 있는 것은 그 나라의 교육과 종교의 진액이 어떤 것인가를 보는 것으로 족하다는 말이 있다. 더불어 살아갈 수밖에 없는 사회구조 속에서 경쟁자를 눌러야만 내가 설 수 있다는 가르침은, 많이 가진 자에게 가난한 자의 한 마리밖에 없는 것까지 빼앗는 방법을 가르쳐 극단의 이기심을 길러내는 결과를 만들어내는 것이다.

사람이 성장하는 뿌리는 자신의 힘과 노력만으로는 되지 않는다는 것을 깨닫게 하는 참교육이 필요하다. 부모, 형제, 이웃과 사회, 그리고 국가로부터 공급받는 헤아릴 수 없는 도움과 지원 없이 혼자의 힘만으로는 한순간도 설 수 없기 때문에 더불어 사는 토양을 만들어가는 교육이 튼튼한 뿌리가 되는 것이다.

경쟁에서 이기는 방법을 가르쳐 자신만 잘 되어 부를 누리게 만드는 교육은 영리해 보이지만 당장 먹을 수 있는 바나나를 취한 여우의 선택처럼 실패하는 교육이 되고 만다. 한 번 따 먹고 마는

바나나를 선택하는 것은 어리석음인 것을 깨우치는 가르침이 참된
교육이 아닐까. 나와 우리가 뻗어가고 있는 뿌리는 어떤 상태인지
점검하고 확인하는 일을 서둘러야 한다.

우리

사람은 가족에서 시작되어 이웃과 이웃이 모여 사는 사회적 존재가 되었다. 남자와 여자가 만나 가정을 이루고 자녀를 낳게 되며, 가정과 가정이 모여서 집단이 되고, 집단이 모이면 한 국가가 된다.

모여서 산다는 것은 다른 사람들과 소통하면서 서로를 알게 되고, 상대를 이해하며 때로는 자신의 자유를 제한하면서 서로의 질서 유지를 위해 말과 행동을 조심하게 되는 것이다.

이와 같은 집단 속에 존재하는 주체는 각각의 개인이며 그 개인은 서로와 관계를 맺고 그 속에서 자신의 존재 가치를 찾아 집단을 위한 희생과 헌신이 창출되지만, 자신을 으뜸으로 내세울 경우에는 갈등과 반목이 반복되어 끊임없는 분쟁과 다툼으로 이어지게 되는 것이다.

그러나 나를 잠시 접어두고 '우리'라는 집단으로 들어가게 되면 우선 마음이 편해지는 안정감을 얻게 되고, 스스로를 자제하며 자신의 몸과 마음을 희생하여 헌신하고 싶은 욕망을 갖게 된다.

우리 가족, 우리 집안, 우리나라, 우리 민족 등 '우리'라는 공동체 속에서는 끈끈하고 질기고 강한 응집력이 형성되기 때문에 그 속에서는 나의 이익과 편함보다는 나의 희생이 더 큰 보람을 만들어 모여 사는 힘을 나타내게 되는 것이다.

우리 가족 속에서 자녀에 대한 부모의 헌신과 희생은 한계를 지을 수 없으며 부모에 대한 자녀의 애틋한 정은 돌같이 굳은 마음도 녹여주게 되는데, 이것은 인위적인 규범이나 제도로 만들어지는 것이 아니라 자연적으로 나타나는 사람의 본성인 것이다.

집단을 이루는 동지, 동창, 동향, 동족은 하나라는 일체성이 있게 되는데, 이 같은 일체성은 서로를 동일하게 생각하게 되는 힘이 생성되어 자신도 모르게 상대를 위한 마음이 움직여서 자신을 희생하는 행동으로 나타나게 되는 것이다.

우리 역사상 온 국민이 우리라는 진한 감정으로 생각하며 행동했던 때가 1970~1980년대의 새마을운동이 아니었나 생각된다. 새벽부터 늦은 밤까지 마을에 길과 농로를 내고, 초가집을 개량하고 가꾸었으며, 농토를 개간하고, 과학 영농을 위한 학습에 밤늦도록 뜨거웠던 열정이 있었는데, 그것은 서로의 마음에 '우리'라는 감정이 서로를 움직이게 했기 때문이라고 생각한다.

국가는 국민들에게 자신을 희생하는 애국심에 호소한다. 그러나 참된 자기희생이 없는 애국심은 단명하다. 힘 있는 국가로 서기 위해서는 모든 국민에게 '우리나라'라는 의식을 자연스럽게 끌어낼 수 있는 동기를 만들어주는 것이 중요하며, 그것은 '우리'라는 순수한 이성의 움직임이 되어 자기희생과 헌신을 만들게 하는 위대한 힘이 되는 것이다.

쓰레기가 이곳저곳 버려져 썩는 냄새로 외면당했던 동네도 주민들이 우리 동네라는 인식을 갖게 되면 누가 시키지 않았는데도 스스로 청소하고 닦고 질서를 지키며 나보다는 마을을 생각하게 하여 가꾸게 되어 아름다운 동네가 만들어지게 되는 것이다.

하지만 '우리'라는 동질성은 억지로 만들어지지 않는다. 규범이나 제도는 억지로 세운 울타리는 될 수 있을지 모르나 마음을 움직이는 힘이 될 수는 없는 것이다. 가정에서부터 형성되는 '우리'가 자신이 속한 공동체까지 이어지기 위해서는 구성원 각자가 외부의 압력을 받지 않고 스스로 동질성을 느낄 수 있도록 방안을 찾는 것이 중요한 것이다.

우리나라의 공통된 당면 과제 중 우선순위를 정한다면 통일 문제를 꼽을 것이다. 이 문제도 북한 동포를 우리 동포, 우리 민족으로 느끼느냐 아니냐의 문제로 귀착된다. 또 우리 사회의 화두가 되고 있는 사회 복지, 사회 질서, 그리고 많은 갈등의 문제도 구성원 모두가 서로를 '우리'라고 느끼고 있는가에 대한 질문에서 찾아야 할 것이다.

말로는 '우리'를 내세우면서도 진정성이 따르지 않는 구호는 실체가 없는 말잔치에 지나지 않게 된다. 대통령이나, 한 기관의 장이 어느 지역 출신이냐에 따라 특정 지역 출신 인사들로 매워지게 되면 '우리 경상도', '우리 전라도'는 될 수 있을지 모르나 우리나라는 될 수 없다.

큰 것이 무너지면 전체가 무너지는 것은 자명한 이치인데, 국가가 어찌되든 상관없이 다른 지역은 망할지라도 내 출신 지역만 배부르고 잘 되기만 바라는 오늘날 우리의 현실을 보면서 안타까움을 금할 수 없다.

사회적 존재인 내가 '우리'라는 공동체 안으로 자원하여 들어갈 수 있도록 동인(動因)을 달라는 갈증에 스스로의 느낌표는 무엇인지? 이제는 '우리'라는 정답을 구체적으로 찾아 행동하며 살아가야 하지 않을까, 생각하게 된다.

　내 나이 30대 초반 광화문 정부종합청사에 근무할 때였다. 근무를 마치고 버스를 타기 위해 광화문 지하도를 건너는데, 복권 판매대 앞에서 낯익은 분이 복권을 사고 계셨다. 자세히 보니 그분은 내가 출석하고 있던 교회의 부목사님이셨다. 그 목사님이 가족의 부양을 위해 평일에는 북아현동 시장에서 야채를 팔기도 한다는 말을 들었는데, 아무리 어렵다 하여 목사님께서 복권까지 사야 하는가? 못마땅 하게 생각했던 때가 있었다.

　그 후 나도 자녀들을 교육시켜야 하는 처지가 되면서 그동안 나의 생각이 얼마나 피상적이고 현실을 외면한 것이었는지 알게 되었다. 목사님에게는 학교에 보내야 할 자녀 다섯이 있어서 이들에 대한 책임과 의무를 다하기 위해서는 지극히 작은 사례비로는 감당이 어렵기 때문에 채소장사뿐 아니라 복권을 사는 요행까지도 생각할 수 있었던 것이 아니었을까. 부족한 사례비에 대한 불평 없이 부양가족의 생계와 자녀 학비 조달을 위해 노동하는 성직자의 꿋꿋한 모습을 보여준 목사님의 삶이 오히려 신선한 감동을 주는 것으로 생각하게 되었다.

돈이 없으면 개인도 국가도 존립하기 어려운 이 땅에서 우리들의 삶을 단순한 기준으로 얘기하는 것은 많은 문제를 유발하게 된다는 것을 깨닫게 되었다.

어느 유명 인사가 그의 자녀들을 대학에 보내지 않았는데, 그 사연은 본인의 정당한 수입으로는 도저히 거액이 소요되는 아이들의 과외비와 대학 등록금을 마련할 수 없기 때문이라는 것이었다. 그런데 그 자녀들은 우리 아버지가 정직하여 훌륭한 사람으로 남는 건 좋은 일이지만, 그 대신 우리들은 대학 간판을 갖지 못한 열등아가 되었다는 원망의 글을 보게 되었다.

이 같은 일들을 접하면서 웬만한 양심의 가책을 무시하고 자식들의 학비를 마련했을 수많은 부모들을 생각하게 되었다. 어느 쪽이 어버이로서 부모의 도리를 다 했다고 할 수 있을까? 그 유명인사에 대해서는 떳떳했던 그분의 삶에 무한한 부러움이 되지만, 목사님과 여타 수많은 부모에 대해서는 가족과 그 자식들에 대한 애틋하고 애달팠던 가장으로서의 행동에 동정의 경의를 표하지 않을 수 없는 것이 아닌가?

우리들이 흔하게 하는 말 가운데 "뭐니 뭐니 해도 머니가 제일이다.", 또 다른 말은 "돈이 웬수다."라는 것이다. 그렇다면 돈은 진짜 원수일까, 아니면 돈이 제일일까?

언젠가 친분이 있었던 중소기업을 경영했던 사장이 행적을 감추었다. 가족은 모두 흩어졌고, 자신은 도망 다니는 신세가 되었는데, 사연은 부도를 막지 못했기 때문이라는 것이었다. 소식을 들으면서 그 친구에 대한 무한한 동정과 안타까움으로 내 마음도 몹시 아팠다.

사람이 이 땅에서 살아가는 동안 없어서는 안 될 것이 많이 있겠지만 그중에서 빼놓을 수 없는 것이 돈이 아닐까. 고결한 삶을 살았다는 인도의 간디도 인권 운동을 시작하기 전에는 남아공에서 변호사 일을 하면서 그곳에 사는 인도인들의 부를 이루게 하는 활동을 힘써 했다고 한다.

인류 사상에 히브리즘으로 커다란 영향을 준 유대인들은 전 세계에 흩어져 부를 축적하며 재산을 모으는 무서운 사람들로 평가되고 있다. 희곡 베니스의 상인을 쓴 셰익스피어는 샤일록이라는 유대인을 등장시켜 피도 눈물도 없는 수전노(守錢奴)의 전형으로 만들었지 않는가.

사고무친(四顧無親)의 낯선 땅에서 살아갈 수 있는 가장 소중한 것은 돈이라는 것을 부인할 수 있을까? 해방 후 고향산천 삶의 터전을 모두 버리고 남한에 정착하신 분들, 6·25동란으로 혈혈단신 월남하신 분들, 하와이와 북미 남미로 이민의 길을 떠났던 분들이 억척스럽고 무서운 사람들이었다는 평을 듣는 것은 낯선 땅에서 살아남기 위해 돈에 대한 집착이 강할 수밖에 없었다는 이유 때문이 아니었을까.

　그러나 이토록 소중한 돈 때문에 존경을 받았던 사람들이 어느 한순간 평생 공들여 쌓아올린 탑이 무너지는 비극의 사례들을 수없이 보았다. 돈 없이 살 수 없는 것도, 돈이 웬수라는 말도, 가진 자는 악이요 못 가진 자는 선이라는 말을 놓고, 어느 쪽이 옳은 것인지, 쉽게 답을 찾을 수 없다는 생각이다.

　그러나 확실한 것은 재벌도 하루 세 끼를 먹고, 아무리 집이 크다 해도 잠 잘 때는 고만한 침대에서 자는 것이지 부자라고 야구장만한 방에서 축구장 같은 이불을 덮고 자지는 않을 것이다.

　공자는 "돈은 무리하게 구한다고 반드시 손에 들어오는 것이 아니기 때문에 나는 내가 좋아하는 일을 하겠다."고 했다.

　돈이란 가까이 할 것도 아니고 그렇다 하여 멀리할 것도 아닌 경원(敬遠)의 대상이 아닌가 생각한다. 자칫 돈이 제일이다 하다가 도리어 돈이 원수가 될 때도 있음을 알고 있기 때문이다.

　돈을 관리했던 가룟 유다는 스승에 대한 현실적이고 타산적인 기대가 어긋나자 끝내 스승을 돈과 바꾸는 악인이 되어 차라리 이 세상에 태어나지 않음보다 못한 사람이 되었다. 결국 현실에 집착하여 참된 가치를 보지 못했던 유다는 정말 돈이 원수가 된 것이다.

　성경에서는 "돈을 사랑함이 일만 악의 뿌리가 된다"고 했다. 돈이 없으면 살 수 없는 세상이면서 돈이 모든 악의 뿌리가 될 수 있기 때문에 모든 사람이 돈을 원수처럼 대하면서 수도승과 같이 살라는 것이라기 보다는, 돈은 꼭 필요한 것이지만 결코 사랑의 대상이 되어서는 안 된다는 말씀이 아닐까 생각한다.

우리가 꼭 알아야 할 것은 잘못되고 부패하여 격한 냄새를 풍기는 것에는 돈을 지극히 사랑했다는 것이다. 정치, 교육, 문화를 비롯하여 청렴을 가르쳐야 할 구별된 사람들까지 모두가 그렇게 보면 예외라 할 수 있는 것이 하나도 없다.

돈이란 모여 있으면 썩게 되어 사람을 질식시키는 독소가 되며, 돈이 좋아 돈을 좇다보면 넋을 잃게 하는 마술에 걸려 반드시 넘어져 벼랑으로 떨어지는 비극의 종말을 맞게 되는 것이다.

정말로 돈을 멀리하며 이 땅에서 살아가는 것이 매우 어려운 일이지만, 사람이 사는 것이 반드시 빵만으로 사는 것도 아니라는 말씀을 음미하게 된다.

치유받은 날

밤새 안녕이라 했던가. 지난 밤 육안으로는 보이지 않는 바이러스 하나가 항공모함과 견줄 만한 내 몸을 침몰시키려 급습해왔다. 내 몸은 기침, 오한, 가슴을 찌르는 통증으로 잠옷과 침구를 흥건히 적신 식은땀이 흘러 내렸다.

오래 전부터 예정되었던 약속들이 한순간에 무너지는 허약한 육신의 한계를 체험한다. 새벽녘에 병원 응급실을 찾아 치료받고 집에 돌아와 책상에 앉아본다. 그래도 무언가를 해야 한다는 몸에 배인 습관이 나를 그냥 놔두지 않는다.

몸과 마음은 따로 행동하는 것인가? 몸이 내 의지대로 움직이지 않고 보아도 읽어도 캄캄할 뿐 아무것도 할 수 없음을 받아들이지 않을 수 없다. 이내 마음을 접어두고 자리에 누웠다. 깊은 잠에 빠진지 몇 시간이 지났을까, 밝은 대낮 방안에 누워 있으니 심히 답답하다. 숨이 막힐 것 같다. 가냘프게 남은 기력을 찾고 보니 오후 3시를 가리키는 벽시계가 나를 지켜보고 있다. 도무지 이럴 수는 없다는 조급함이 내 몸에 시동을 걸었다. 갖가지 빛깔로 물든 뒷산을 찾아 맑은 공기를 마셔야 살 것 같은 간절함이 무기력해진 몸을 일으켰다.

 까칠해진 몰골 그대로 모자 하나 눌러쓰고 산길을 오른다. 두 다리가 후들거리고 숨이 차오르고 심장이 멎는 고통이 길을 멈추게 한다. 긴 호흡 두세 번 반복하면서 다시 걷고 오르고 또 걷는다. 그동안 큰 아픔 없이 잘 달려왔던 내 육신이 한순간에 무너져 이제는 허약함으로 바뀐 나약함이 나를 서글프게 한다. 얼마의 시간이 지났을까, 힘을 다해 오르니 능선 위에 자리한 벤치 하나가 나를 앉으라 권한다. 덥석 주저앉아 긴 호흡을 들이키니 늘어진 육체가 그만 벤치에 쓰러지고 만다.

 시간이 흘러 눈을 뜨니 그리웠던 파란 하늘빛이 내 시야를 덮는다. 얼마 만에 보게 된 청명한 하늘인가. 파란 색상으로 곱게 물든 창공에 둥실둥실 떠가는 뭉게구름이 병들어 누워 있는 내 몸과 마음을 포근히 감싸준다. 따스한 평안이 내 몸을 만져준다. 이내 시원한 산바람이 숲을 가로질러 내 볼을 스치고 지나간다. 평생 그 자리를 떠나지 않고 하늘로만 높이 솟아오르고 있는 울창한 소나무와 참나무들이 자신의 호흡으로 만들어 낸 생명의 바람을 나로 하여금 깊이 호흡하게 한다.

 그토록 찾고 싶고, 갖고 싶었던 그 평안의 쉼이 이것이 아니었던가! 맑은 정신이 이내 돌아온다. 그 값진 평안을 어떤 대가도 지불하지 않고 누리고 있는 이 시간을 허락받음에 지극한 감사를 드린다.

어린 날 신기하게 읽었던 《보물섬》처럼 생사를 넘나드는 험난한 고생도 치루지 않았는데 귀중한 보화를 그냥 보고, 만지고, 마셔도 되는 것인지…… 진짜 값있는 것은 대가없이 거저 주는 것이라고 숲은 낮은 목소리로 내 귓전을 울린다. 그냥 느끼고, 그냥 보면서 마음껏 마시라고……. "모든 것이 다 네 것"이라고.

자연과 함께하는 쉼이 이토록 좋은 것인 줄 예전에는 왜 알지 못했을까. 하나님께서 아픔을 통해 내게 주신 고귀한 은혜가 아닌가. 파란 하늘에 쉼 없이 흘러가는 저 구름, 나를 에워싸고 있는 청정한 나무들, 그들이 자신의 몸을 태워 거저 주는 맑고 깨끗함이 지친 나를 회복시켜주는 치유의 고마움이 되어 내가 다시 살아나고 있다.

얼마의 시간이 지났을까. 해가 서산에 걸려있고 이곳에도 어두움이 나를 다시 깨운다. 생명의 기운을 받는 것도 잠시, 아픔도 기쁨도 잠시 지나가는 것이라고, 정상을 오르면 곧 내려갈 준비를 서두르라 한다. 이제는 그만 내려가라고 한다. 싫어도 그것이 살아가는 원칙이니까. 아무리 좋은 것도 놓을 수 있어야 한다고 속삭인다. 마다하지 않고 맞아주고, 아픔을 치유해준 자연에 감사한 마음이 넉넉하게 차오른다.

허망한 것을 잡기 위해 부질없이 달려온 나그네의 길. 그래도 살아 있는 동안에는 끝까지 이 끈을 놓을 수는 없는 것이라고, 좋은 모든 것들을 뒤로하고 산길을 내려온다.

　　산 아래 동네에는 많은 사람들이 분주하게 움직인다. 험난한 고난을 견디며 열심을 다해 바쁘게 달려가는 건강한 모습들이 너무 좋아 보인다. 자연이 주는 생명의 호흡과 하늘이 거저 주시는 치유에 보답하기 위해서는 욕심 없는 가벼움으로 열심을 다해 내 길을 가리라. 자연의 치유에 감사드리는 하루였다.

병들어 쇠한 몸 맑은 공기 호흡하려

그냥 누워 쉬라는 마님 훈시 뒤로하고

독하게 용을 써 뒷산을 오르니

두 다리 후들후들 목을 메는 호흡 중단

진액이 말라버린 허망한 내 육신

허리춤에 달아매준 물 한 모금 꿀꺽

벤치 찾아 긴 호흡 팔을 베어 누워보니

파란 하늘, 뭉게구름, 포근하게 나를 덮고

떨어진 씨앗 그 자리 높이 솟은 나무, 나무

몸을 태워 만든 생기 나를 감싸 호흡하니

건강이 무엇이며 치유가 무엇인지

자연의 맑은 음성 내 귓전에 울리네.

쓰나미와 일본인

2011년 3월 11일, 9.0의 대지진과 높이 10미터의 쓰나미가 눈 깜짝할 사이에 도시 전체를 휩쓸었다. 시속 700킬로미터 속도의 지진은 현대 문명으로 쌓았던 흔적들을 한순간에 무너뜨려 인간이 이룩한 과학 기술의 무력함을 확인시켜 주었다. 믿을 수도, 믿지 않을 수도 없는 일이 세계인의 눈앞에서 벌어진 것이다.

제2차 세계대전의 패전국이었으나 경제 부흥을 일으켜 세계 경제를 주도하며 첨단 과학 기술의 선도자라 자처했던 일본이 그렇게 넘어졌다. 고꾸라진 비참함을 스스로 맛보고 절규했다. 어제까지의 부유함도, 화려함도, 자존심도, 체면도 한순간 까만 상처로 남아 있을 뿐이다. 제2차 세계대전 이후 처음이라는 계획 정전이 세계 경제의 심장이라고 자랑했던 도쿄에서 3시간 간격으로 시행되었다.

높은 산은 불기둥을 올리고, 유황을 뿜어내며 지진 후 또 다른 지진이 땅을 뒤덮고, 방사선 죽음의 재가 일본 열도를 덮었다.

이 같은 참담한 재앙 속에서도 일본인들은 놀라운 질서 의식과 차가운 침착함을 보여주었다. 최대 피해지 미야기현 북부 항구 도시 게센누마 주민 7만 명 중 1차 생존이 확인된 수는 1만 5천 명이었는데, 이들에게 배급된 음식은 주먹밥 한 덩이와 된장국 한 그릇뿐, 침구나 통신 수단도 없었다. 일본 정부가 "사정이 어렵지만 지금 가장 시급한 생존인 확인과 구출을 위해 손을 쓰고 있다"는 말에 주민들은 조용히 "폐허 속에서 구조를 기다리는 주민들이 아직 남아 있고, 우리 지역만이 아니라 미야기현 전체가 파괴되었으니 견딜 수 있을 때까지 견디어보자."는 냉정함을 보여주었다고 한다.

현장을 목격한 어느 기자는 지바에서 센다이와 미야기까지 400킬로미터를 자동차로 달리는 동안 센다이 번호판을 단 차량이 꼬리에 꼬리를 물었지만 소식이 끊긴 가족을 찾는 초조함 속에서도 끼어들거나 과속으로 질주하는 차량은 없었다고 한다.

대부분 주유소는 문을 닫았고, 정유저장소가 폭발로 붕괴되어 휘발유 수송이 중단되자, 휘발유가 남은 일부 주유소에는 200~300미터의 자동차 행렬이 이어졌고 주유하는 데 1~2시간이 소요되었다. 그리고 한 번 주유에 10리터로 제한했지만, 그들은 마치 컨베이어 벨트가 움직이듯 끼어드는 차량이나, 더 넣어달라고 소리 지르는 사람을 보지 못했을 뿐 아니라 많은 휘발유가 필요한 사람은 문을 연 다른 주유소를 찾아가 다시 1~2시간 줄을 섰다는 것이다.

제한적으로 식수를 공급해주는 학교와 생수를 파는 슈퍼마켓과 문을 연 공공 화장실에서도 기다리며 줄을 선 행렬이 수백 미터를 이루고 있었으며, 원전 사고로 집을 떠난 후쿠시마현 주민들은 마련된 피난소에서 조용히 재건되기를 기다리고 있었고, 전기가 부족한 피해 지역을 위해 등을 끄고 제한 송전을 기다렸으며, 쓰나미 피해를 본 태평양 연안의 매립지 주민들은 청소 용구를 들고 나와 거리의 토사를 쓸었다고 한다.

문을 닫은 빵집 주인은 피난민들에게 무료로 빵을 배급하고, 한 여성은 "우리 집 화장실을 이용하셔도 됩니다"라고 적힌 스케치북을 들고 제 집 화장실을 개방하는 등 어렵고 힘든 상황에서 '자신이 할 수 있는 일'을 찾아 공동체에 기여했으며, 고립된 사람도 "나부터 구해달라"고 난리를 치지 않고, 높은 곳에 올라가 커다랗게 "SOS"를 써 놓고는 구조대를 기다리는 침착함을 보였으며, 정부와 경찰, 자위대 등이 모두 최선을 다하고 있다는 정부에 대한 믿음을 보여주었다는 것이다.

평소 일본 엄마들은 "남에게 폐(메이와쿠)를 끼치지 말라"는 말로 가정교육을 시작하고, 일본 지하철에서는 "다리를 꼬거나 뻗으면 남에게 폐가 됩니다"라는 안내 방송이 하루 종일 나온다.

미국의 문화인류학자인 루스 베네딕트는 《국화와 칼》에서 "일본인들은 남이 자신을 어떻게 보느냐에 민감하다."고 했다. 남을 배려하고 자신을 절제하는 수신(修身)의 문화다. 일본 47개 도도 부현(都道府縣)에서는 '메이와쿠 방지 조례'라 하여 남에게 현격히 폐를 끼치는 행위는 법으로도 금하고 있다.

2009년 11월 부산 사격장 화재로 10명의 일본인 관광객이 숨졌을 때도, 사고 현장을 찾은 가족들은 통곡 대신 침통하게 무릎을 꿇고 흐느낄 뿐이었다. 자신의 슬픔을 드러내는 것조차 남에게 폐를 끼치는 일이라 생각하기 때문에 일본의 장례식은 조용하고 차분하다고 한다.

모든 것을 쓸어버린 강진도, 쓰나미도 그들이 목숨보다 더 소중하게 여기는 냉정함과 침착함은 빼앗지 못하는 무서움을 보면서, 아무리 싫고 미운 일본이지만 우리가 배워야 할 가치가 있음을 깨닫게 된다.

종이가 구겨지듯 쓰레기의 폐허가 된 마을을 걸어가던 한 백발의 남자가 기자와 인터뷰하는 장면을 보았다. "이런 참사는 일본 사람 모두가 처음 겪는 일입니다." 그는 눈물을 보이지 않고 분위기에 맞지 않는 어색한 웃음을 지어 보였다. 나는 그 어울리지 않는 웃음을 보는 순간 일본인은 참으로 무서운 민족인 것을 확인하게 되었다.

무서웠던 공포, 모든 것을 잃어버린 상실감, 참담한 비탄의 비명을 힘주어 억누르고 있는 어색함을 보면서 극단의 상황에서도 자신의 감정을 구겨 넣는 차가운 냉정함이 주는 무서운 한기를 느꼈다.

지금까지 일본은 우리민족에게 씻을 수 없는 깊은 상처를 선명하게 남겼고 지금까지 반성의 기미는 보이지 않고 빚진 자로 남아 있기 때문에 우리가 그들을 대할 때는 이성보다는 감정으로 생각하고 판단하고 행동했던 경우가 없지 않았다. 그러나 이제는 감정을 뒤로하고 우리민족 고유의 인내와 성숙한 인격으로 그들을 바로 보는 냉정함이 필요하다. 왜냐하면 일본은 우리의 생각과는 상관없이 멀고도 가까운 이웃나라로 존재하고 있기 때문이다.

어려운 상황에서도 수신의 문화로 메이와쿠방지 조례를 실천하고 있는 그들이 이제는 "이웃나라에게도 폐를 끼치지 않아야 한다."는 교육과 행동을 통해 지난날의 잘못을 인정하고 머리숙여 사죄하는 일본을 우리가 보게 될 날을 기대한다.

3

가장 시급한 것

저승에는 주막이 없다

지하철역 입구에 도착하면 많은 사람이 서둘러 뛰어가는 모습에 나도 덩달아 서두르게 된다. "내가 서둘러 급히 지하철을 타야 할 아무런 이유가 없는데……." 마지막 계단에 이를 무렵 열차는 떠나고 미처 타지 못한 승객들이 허탈해 하는 갖가지 표정을 보노라면 무척 재미있어 웃음을 짓게 된다. 저분들이 보는 내 모습은 어떠했을지도 생각하게 된다.

기다리는 시간 어딘가 잠시 앉아 보려 하는데 의자가 보이지 않는다. 왔다 갔다 하던 중 마침 벽에 걸린 시구가 내 발길을 멈추게 한다. 나이 드신 할아버지와 어느 중년 아주머니도 그 시를 음미하고 있다.

내 시선이 머문 곳에는, 조선 시대 단종의 복위를 도모하다 세조의 노여움을 받아 형장에서 죽임을 당한 후 그의 아버지와 함께 사지(四肢)를 찢게 되는 참혹함을 목전에 두고 읊은 성삼문의 즉흥시인데, 세인들이 일컬어 "성삼문의 절명시(絶命詩)"라 불렀던 시문이었다.

> 북은 울려 내 명을 재촉하는데
> 고개 돌려 바라보니 해도 서산에 걸렸어라
> 황천길에 주막집 하나 없다 하거늘
> 오늘 밤 이 나그네 어느 집에 쉬어갈까.

까마득히 잊혔던 기억이 스친다. 고등학교 2학년 때였던가, 돋보기안경을 콧등 아래쪽에 걸치고 한문을 가르치셨던 선생님이 생각난다.

> 격고최인명 (擊鼓催人命)
> 회두일욕사 (回頭日欲斜)
> 황천무일점 (黃泉無一店)
> 금야숙수가 (今夜宿誰家)

그때는 시의 뜻을 감명 깊게 이해하지 못했고 한문 해석을 암기하여 시험을 준비하는 데 급급했던 기억만 떠오른다. 그때도 주름살이 꽤나 깊어 보이셨던 선생님이셨는데, 지금까지 살아 계실까? 내 나이가 이제 칠십을 넘었는데, 그리워지는 선생님이다. 그동안 한 번도 문안드리지 못한 죄송함이 남아 있다. 위로와 평안을 기도드린다.

충신 성삼문이 죽음을 목전에 두고 되돌아본 본인의 인생을 어찌 헤아릴 수 있을까? 역사는 그분의 삶이 곧았고, 고고했던 충절의 삶이었다고 기록하고 있다. 보통사람들은 눈이 부셔 볼 수 없었던 태양과도 같았던 그분의 꼿꼿했던 삶도 이제는 흥건히 물들어 적시는 석양의 낙조가 된 허망함으로 자신의 삶을 정리하고 있지 않은가! 목숨을 내놓으라는 북소리를 거절할 수 없는데, 저승에는 주막이 없다고 했다. 그래서 잠시 후 본인이 저승에 도착하게 되면 잠잘 곳, 거할 곳이 없다는 마지막 절규가 내 마음을 짠하게 한다.

죽음이 눈앞에 다가왔을 때, 그것도 단두대에 목을 맡기고 내 목이 잠시 후 떨어져 뒹구는 그 순간을 맞는다면 나는 어떤 글귀를 남길 수 있을까? 충절의 도리를 목숨 바쳐 지켜낸 성삼문, 여유 있어 보이는 넉넉한 마음과 평범한 사람의 경지를 뛰어넘는 사육신의 기개가 시구의 마디마디에 남아 있지만 그 뒤에는 더 큰 애잔함이 진하게 배어 있지 않는가?

죽음 앞에서 되돌아본 인생, 그리고 이제 나는 어디로 가고 있는지를 자신에게 질문하고 얻어낸 답을 최후의 남김으로 읽게 된다. 오늘에 이른 미천한 나에게까지 교훈의 가르침이 되어 사후(死後)의 세계를 생각하게 하는 숙연함으로 하루를 보냈다.

어떻게 사는 것이 옳은 것인지? 무엇을 준비해야 하는 것인지?

이땅과 하늘나라의 차이는 무엇일까? 갑자기 찾아온 심각함을 맞는다.

성삼문은 분명 높고 위대한 역사에 길이 남을 충신이었다. 그래서 이 땅을 살아가는 모든 이들에게 가르침이 되고 존경받는 인물로 이 세상의 의(義)를 이루신 분이었다. 그러나 하늘의 의를 찾지 못해 가슴을 치는 뒤늦은 안타까움을 남기고 있지 않는가. 저승에는 주막이 없어 오늘 이 땅을 떠나는 본인이 어데 머물러 잠을 잘 것인지, 마지막 처소를 염려하는 애절한 마음을 우리에게 전해 주고 있다.

사람은 죽는 것이 아니라 어디론가 돌아간다는 것을 알면서도 정작 내가 가야 할 그곳을 준비하지 못했다면 그 책임은 누구에게 있는 것일까? 현세가 너무 바쁘고 힘들어서 미처 준비하지 못한 것을 후회하는 안타까움을 후세의 모든 이에게 남긴 가르침이 아닌가? 글귀에는 남기지 않았지만 준비하지 못해 크게 후회하는 마음의 시구가 내 마음에 선명하게 비춰진다. "저승에도 내가 거할 집이 있어야 한다"고. "저승은 나그네의 삶이 없기 때문에 나그네 신분으로는 유할 처소가 없다"는 것을 알려주고 있지 않는가.

충신도 역적도, 부자도 가난한 자도, 바쁜 자도 한가한 자도 모두 언젠가 그날이 오면 이 땅을 떠나게 되는데, 내가 거할 집이 없음을 그때서야 깨닫게 된다면 그것은 참으로 어찌할 수 없는 절망인 것을 일깨워주고 있다.

우리는 이 땅에서의 삶이 영원할 것처럼 자신 있게 살아가고 있다. 그러나 후회하지 않으려면 뒤를 돌아보아야 한다. 태양이 중천에 있는지, 아니면 석양에 걸려 있는지, 살펴보아야 한다. 지금 바로 사후의 세계에서 내가 거할 집 마련을 서둘러야 하지 않을까. 이 땅에서의 삶은 유한하기 때문이다. 목숨을 내놓으라는 북소리가 울리는 그때는 이미 늦은 후회와 절망만 있기 때문에 지금 서둘러야 한다.

내가 거할 다음 세계의 집은 여호와 하나님만이 만들어 주신다고 하셨다. 그분 앞에 무릎 꿇는 시간을 만들어야 한다. 우리 모두, 북소리가 울릴 때 내가 거할 영원한 집이 있다는 시구를 남기는 영광의 축복을 누리게 된다면 얼마나 좋을까?

예수님께서는 이 땅을 살아가는 모든 이에게 "내 아버지 집에 거할 곳이 많다"고 말씀하셨다.

가장 시급한 것

사람이 소유하는 것 중에서 가장 가치 있는 것이 무엇이냐는 질문을 받을 때면, 나는 확실하게 그것은 신앙 곧 믿음이 날로 성숙되어가는 삶이라고 답할 것이다. 가장 파괴적이고 절망적인 삶의 선택은 신앙을 소유하지 않는 것이다. 사람은 누구나 의식적이든 무의식적이든 자신의 의지와는 상관없이 신앙과 비신앙을 선택하며 살아가고 있다. 나는 어느 쪽에 속한 사람일까?

독일의 실존주의 철학자 카를 야스퍼스는 "현대는 인간이 신을 대신하고 있는 시대"라고 했다. 인간이 신을 추방하고 그 자리를 자신이 대신하고 있다는 것이다. 그러나 불행하게도 신을 대신했던 그 인간의 자리를, 인간이 만든 문명이라는 것이 대신하고 있는 것을 사람들은 모르거나 더러는 알면서도 모른 체하고 있다는 것이다.

너와 나의 관계 서로의 만남을 강조했던 마르틴 부버는, "현대는 신이 일식(日蝕)을 당한 비극의 어두운 시대"라고 했다. 참으로 이 시대는 신이 인간들에게 거부당하고, 마르크스에 의해 신이 물질과 대체되고, 니체에 의해 신이 사형 선고를 받아 퇴위되는 비극의 시대가 되었다.

그러나 인간이 신을 거부한다고 해서 신이 쫓겨나고, 사형 선고를 했다고 해서 신이 사라진 것일까? 그것은 하늘 높은 줄 모르는 인간의 교만에서 나온 어리석고 우둔한 생각인 것이다.

수천 년 기독교는 세계 절대 다수 국가와 민족에게 참 진리와 생명이 되었고, 좋은 영향력을 끼친 수많은 지도자를 세웠으며, 잠시 있다 안개처럼 사라지는 이 땅의 삶을 뛰어 넘어 영원한 생명의 구원을 누릴 수 있는 가치를 알게 해주었다. 성경을 읽고 묵상함으로 영적인 가르침을 받아 감동과 평안을 주는 예술과 문학과 철학의 풍성한 창조를 허락받았으며, 올바른 정치이념을 세워 자유와 평화의 지경을 넓혀가고 있다.

창조의 찬란한 역사는 신을 인정하는 믿음과 신을 긍정하는 겸손, 신의 뜻을 좇는 소망으로 얻게 된 결과가 되었다. 현재 우리가 살아가는 세상은 황금만능, 돈이면 무엇이든 다 할 수 있고, 원하는 모든 것도 소유할 수 있다는 꿈같은 망상에서 깨어나지 못하고 있다. 그러나 돈으로 할 수 없는 수많은 것들을 헤아려 보아야 한다. 지혜도 지식도 도덕도 윤리도 생명력 있는 신의 말씀에 근거하지 않고서는 참 가치를 얻을 수 없는 것이다.

돈으로 해결할 수 없는 것이 무엇인지를 나 자신에게 쉼 없이 물어야 한다. 나는 숨이 멈추면 썩어져 한 줌 흙으로 돌아가는 유한한 존재로 끝나는가, 아니면 보지 못했고, 알지도 못한 그 어떤 세계는 없는 것인지에 대한 정확한 해답은 오직 하나 성경말씀을 굳건하게 믿고, 신앙의 망대를 바르게 세우는 순전한 믿음을 소유할 때 가능한 것이다. 믿음이란 내가 바라는 것들의 실상이 되고 보지 못한 것들의 정확한 증거가 되기 때문이다.

시간은 금이라 했는데 시간이 쉼 없이 흘러가고 있다. 가는 시간을 그 누가 막을 수 있을까? 늦기 전에 후회 없는 삶의 결실을 위해 믿음 위에 굳게 서는 신앙인이 되어, 값없이 거저 주시는 영생의 주인 됨을 소망하며 달려가야 한다. 후회는 지난 것들을 되돌릴 수 없는 것이다. 도움의 손길이 이미 떠나갔기 때문이다.

교만으로 얻을 수 있는 결과는 후회밖에 없다고 한다. 파란 하늘과 산과 들, 자연이 겸손으로 주어진 것들을 소중하게 간직하는 것이 최우선이 되어야 한다. 잃고 난 후에야 뒤늦게 소중했던 가치를 깨닫게 되는 것이 건강, 물질, 권력, 명예, 인간관계라고 생각하는 것은 그보다 더 소중한 것을 모르는 우매함이다.

쓰나미는 무서운 자연재해다. 그러나 쓰나미 자체만으로는 많은 사람이 죽지 않는다. 쓰나미로 인해 쓸려오는 온갖 것들에 의해 사람들이 끼이고 찔려 죽는다. 사람들이 연구하여 바쁘게 만들어낸 각종 기계, 장비, 건물의 잔해가 도리어 사람을 죽이는 도구가 되는 것이다.

문제는 문명의 이기(利器)를 만들어내는 일에 바빠야 할 것인가, 아니면 더 소중한 것을 알기 위해 시간과 정력을 쏟을 것인가 하는 것이다. 대부분의 사람은 자신보다는 주변 사람을 생각하고 배려하는 가운데 슬픈 마음을 갖게 된다고 한다. 나 자신보다는 주변을 보고 듣고 생각하는 가운데 울게 되는 경우가 더 많다는 것이다. 다른 사람이 처한 역경을 배려하는 눈물은 매우 귀하고 값진 것이다. 그러나 그보다 더 시급한 것은 나 자신이 안고 있는 영생(永生)의 문제를 놓고 자신을 위해 통회하는 눈물이다. 육신의 삶이 이 땅에서 무너지면 그 후의 나는 어찌되는 것인가를 진지하게 묻고 해답을 찾아야 한다는 것이다.

사람들이 죄를 범하였을 때, 법이 정한 벌을 받고 나면 그간의 모든 죄가 깨끗하게 소멸되는 것일까? 그렇지 않다. 그 사람은 빨간 줄이 그어진 삶을 평생 안고 살아야 한다. 그보다 더 심각한 것은 본인의 양심을 짓누르는 아픔의 흔적이 죽을 때까지 남는다는 것이다. 생각하지 않는다 하여 없어지거나 덮는다 해서 안 보이는 것이 아니기 때문이다. 더욱 심각하고 무서운 것은 모든 사람에게는 자신마저 드러내지 않고 있는 누구도 해결할 수 없는 숨겨진 죄의 문제가 있다는 것이다. 남은 시간이 그리 많지 않다. 미루어서는 안 된다. 이 문제가 인생사에 최우선의 과제가 되어야 한다. 해결할 수 있는 방법이 있는데 찾아보지도 않고 미루고 덮어두면 결과는 멸망만 있을 뿐이다.

모두가 바쁘다고, 시간이 없다고 한다. 그러나 이보다 더 심각하고 중요한 문제는 없다. 시간을 내야 한다. 하던 일을 잠시 접어 두고 겸손하게 빈 마음으로 생각해야 한다. 그리고 적극적으로 해결책을 찾아 나서야 한다.

지구상에서 살아가는 사람들 중에 죄 없는 사람이 있을까? 훌륭하다고 만인의 존경을 받는 성직자도, 자선의 기부를 이름 없이 생활화하는 사람도, 법 없이 무인도에서 자급자족하며 홀로 살아가는 사람도, 모든 인간은 죄의 사슬에서 풀려 날 수 없으며 죄의 어두움에서 자유로울 수 없는 것이다. 그래서 이 문제는 모든 사람들에게 예외 없이 주어진 공통의 과제가 된다.

이 시간도 지구촌 곳곳에서 죽음을 맞고 있는 수많은 사람들이 있다. 높은 산에는 불기둥이 솟고, 용암이 강물처럼 흘러내리고, 넓은 대륙에는 모든 것을 분쇄하듯 조각조각 흩어버리는 토네이도가 일어나고, 바다에는 모든 것이 쓸려가는 쓰나미가 일고 있다.

나도 바쁘다고 시간이 없다고 외치며 살아왔다. 그러나 자신 있게 자랑할 것이 있다면 동양과 서양 그리고 옛날이나 지금이나 많은 철학자, 사상가들이 끊임없이 던져왔던 질문에 나는 확실하게 답을 말할 수 있다는 것이다. "나는 어디서 왔으며 장차 어디로 갈 것인가"에 대한 정확한 답을 알고 있다는 것이다.

우리들은 영원한 삶을 살아야 한다. 이것이 인간에게 주어진 가장 큰 축복인 것이다. 사람은 누구나 보지 못했던 새 하늘과 새 땅을 보아야 한다. 한 사람도 빠짐없이 거저 주시는 은혜를 받아 신앙의 사람, 믿음의 사람이 되어 영생을 소유하게 되길 간절한 마음으로 소망한다.

단절되지 않은 삶

2010년 3월 14일, 외국에서 돌아오는 비행기에서 오랜만에 접하게 된 국내신문을 통해 법정(法頂) 스님의 타계 소식을 들었다. 순간 내 마음에는 표현하기 힘든 애잔함과 안타까움의 충격이 있었다.

내가 그분을 알게 된 것은 고등학교 2학년 여름방학 때였다. 고학을 위해 떠돌이 행상을 하던 중, 전주 시외버스터미널에서 우연히 그분을 만났다. 밀짚모자를 쓰신 스님께서는 내가 내민 연필을 받으시면서 "아무리 어렵다 하여도 끝까지 정직한 사람으로 인내와 성실과 용기의 소유자가 되어야 한다"는 요지의 감동적인 격려를 하시면서, 상당히 많은 액수의 돈을 내 손에 건네주셨다. 그때의 만남을 계기로 그분은 나에게 잊을 수 없는 고귀한 분으로 남게 되었고, 그로부터 그분이 출간하는 다수의 책들을 애독하는 독자의 인연을 맺게 되었다.

그분은 오대산 화전민이 살던 오두막에서 땅을 갈고 초롱불을 밝혀 책을 읽고 글을 쓰시면서 "침묵과 행함이 따르지 않는 언어는 공허하다"는 것을 본인의 행동으로 만인에게 보여주셨다. 이 세상을 떠나시면서 그동안 살아생전 풀어놓은 말 빚을 다음 생으로 가져가지 않겠다고 자신의 이름으로 된 모든 출판물을 더 이상 출판하지 말 것과 본인에게 남아 있는 것이 있다면 모든 것은 맑고 향기로운 사회 구현 활동에 사용해달라는 유언도 남기셨다. 그와 함께 수의나 관도, 미사여구의 추모사나 조사도 없이, 그리고 무덤의 흔적도 남기지 않은 채 한 조각 구름이 흘러가듯 지나가는 바람처럼 자연으로 돌아간 뒷모습은 우둔한 나에게도 많은 것을 생각하게 하는 감동이었다.

나는 그분의 타계 소식을 접하는 순간, 그리움과 함께 애잔한 안타까움의 격한 감정을 가눌 수가 없었다. 그분께서도 삶과 죽음은 하나의 과정으로 연결되어 있다고 하셨는데, 그분의 삶과 죽음은 어찌 되었을까? 연결일까, 단절일까?

종교를 갖고 있지 않은 대부분의 사람들도 죽음 앞에서 "죽었다"는 말보다는 "돌아가셨다"는 표현을 사용하고 있다. 그렇다. 사람은 죽어 없어지는 것이 아니라 어디론가 다시 돌아간다는 것이 분명한데, 그분이 가신 곳은 어디일까? 남다른 걱정이 더해졌다.

나는 그동안 그분처럼 살지 못했다. 그리고 오늘도 아니 내일마저도 그분처럼 살아갈 엄두가 나질 않는다. 그럼에도 나에게는 평안이 있는 것은 무엇 때문일까? 나에게는 잠시 있다가 떠나는 이 땅의 삶과 연결되는 죽음 후의 영원한 세계가 확실하게 보장되어 있다는 확신 때문이 아닐까?

어둡고 힘든 세상에서 아름답고 맑은 향기를 남기신 분들의 죽음소식을 들을 때면 그분들의 훌륭했던 삶이 단절되지 않고 영원한 삶으로 이어질 수 있다면 그 분들에게는 더할 수 없는 영광이며 하나님께서도 무척 기뻐하셨을 것이라는 생각을 하곤 하였다.

그러나 이 땅에서 오늘을 살아가는 우리 모두에게 그분이 보여주시고 가르쳐주신 행함은 종교의 선택을 떠나 결코 버릴 수 없는 고귀한 가르침으로 남아 있어야 한다는 간절함이 있다. 이 땅에 많은 분들이 남겨주신 정직, 청빈, 나눔, 겸손의 맑고 깨끗한 단어들이 우리들을 대신할 수 있는 대명사가 될 수는 없는 것일까, 생각하게 된다.

하나님 은혜를 거저 받아 하늘나라 백성이 된 모든 크리스천들이 이 땅에서 향기 나는 삶의 족적을 남기게 된다면 하나님께서는 더욱더 기뻐하시지 않겠는가?

기독교는 믿음의 종교이므로 예수 그리스도를 믿기만 하면 구원을 받는다 하여 어느 종파에서는 한번 믿음을 고백한 사람은 그 후에 어떤 죄를 범하여도 이미 받은 구원이 있기 때문에 죄의 벌을 받지 않는다고 가르친다. 이것은 매우 위험하고 잘못된 가르침인 것이다.

예수 그리스도를 백 번 천 번을 믿는다 할지라도 나눔과 보살핌과 관용의 행함이 없는 삶은 죽어서도 심판을 면할 수 없게 되는 것이다.

길었던 추위를 밀어내는 훈훈한 봄바람이 차가워진 내 볼을 스친다. 온갖 꽃들이 죽음을 이기고 부활의 새 생명으로 활짝 웃는 모습을 보여준다. 자연을 통해 주시는 하나님의 말씀이 내 귓전을 울린다. "향기로운 삶을 이 땅에 남기고 돌아오라"고.

이 땅에 살아 있는 모든 사람이 자기 나름의 신앙으로 살다가 언젠가는 모두가 다음의 세계로 돌아간다. 모두가 선택한 신앙이 육신의 삶과 영혼의 삶이 단절되지 않는 영원한 삶이 되기를 간절히 바란다.

행함을 보여준 법정스님의 가난했던 청빈의 삶과 고고했던 죽음 앞에 삼가 머리를 조아리며, 나도 가야 할 다음의 세계에서 그분을 다시 뵈올 수는 없는 것인지, 바보스런 생각을 쉽게 놓지 못하는 안타까움이 남게 된다.

두 마음

　본래 인간은 이중적 성격을 갖고 있다고 한다. 선인의 모습과 악한 모습의 이중성을 갖고 있는 인간의 고뇌를 잘 표현한 스티븐스의 소설 《지킬 박사와 하이드》에서 이에 대한 묘사가 잘 나타나 있다.

　한 개인이 가지고 있는 전체적인 행동의 특성을 영어로는 '퍼스낼리티(Personality)'라고 말하는데, 그 어원은 가면을 뜻하는 희랍어의 '페르소나(Persona)'에서 비롯한다. 인간의 인격은 본질적으로 가면을 쓴 이중성이라는 것이다.

　맹자(孟子)와 순자(荀子)가 성선설(性善說)과 성악설(性惡說)로 논쟁을 했다지만, 본래의 인간은 선한 것도 악한 것도 아니라는 주장에 만인의 공감을 얻고 있다. 사람들이 공동생활을 하는 과정에서 힘을 가지고 가치의 기준을 만들었는데, 그 기준이 힘 있는 사람에게는 유리하게 약한 사람들에게는 불리하게 만들어졌다는 것이다.

분명한 것은 인간은 절대자가 될 수 없는 이중성의 인간일 뿐이기 때문에 절대 성스러움은 신(神)만이 갖는 것이고, 우리 인간들은 본인이 갖고 있는 동물적인 욕구를 극복해 조금이라도 신에 가깝게 접근하도록 지식과 노력으로 최선을 다하는 정도에 따라 아름다운 삶의 여부가 결정될 수 있을 뿐이다.

프랑스 작가 아나톨 프랑스가 1890년에 쓴 《타이스》에서 수도원 원장은 음란에 빠진 무희 타이스를 회생시키는 데는 성공하지만 결국 자신을 유혹한 타이스를 잊지 못해 그녀를 찾아가게 되는데, 이것은 구하려는 자는 구덩이에 빠지고, 빠진 자는 구함을 얻는 인간의 나약한 속성을 잘 표현하고 있는 것이다.

18세기 독일의 어느 작가가 쓴 '돌심장'이라는 이야기가 있다.

어느 깊은 산골에 한 노인이 살았는데 자그마한 오두막에 살면서 근처 땅을 일구어 생계를 이어가고 있었다. 그는 저축한 곡식이 없어 그때그때 먹을 것을 해결하는 매우 가난한 삶이었으나 그가 사는 산골짜기 오두막에는 졸졸 흐르는 개울이 있었고, 사계절 내내 아름답고 풍성한 자연의 신비가 그의 삶을 감싸고 있어 노인의 마음은 언제나 맑고 깨끗하여 더 이상의 욕심 없이 행복하게 살아갈 수 있었다.

그러던 어느 날 한 요정이 찾아와 노인에게 "당신은 가진 것도 없고 매우 가난한데도 무엇이 그렇게 좋아서 항상 즐겁게 사느냐?"고 물었다. 그러자 노인은 그 요정에게 "눈에 보이는 것은 없어서 가난해 보이지만 나에게는 따뜻한 심장이 있어서 항상 기쁘다"고 했다. 그 말에 요정은 자기는 돌심장을 갖고 있는데, 노인의 따뜻한 심장과 자신의 돌심장을 바꿔주면 많은 재물을 주겠다고 했다. 그러나 그가 원한다면 언제든지 본인의 따뜻한 심장을 다시 가난과 함께 돌려주겠다고 했다.

그동안 가난했던 노인은 요정의 청을 받아들여 한순간에 벼락 부자가 되었다. 그러나 그때부터 그의 눈에는 파란 하늘도 아름다운 꽃들도 계절마다 갈아입는 자연의 신비함도 보이지 않았으며, 귀도 어두워져 새들의 노랫소리나 개울의 물소리도, 그리고 바람소리마저도 들리지 않았고, 끝내는 굳어진 심장으로 인해 자연의 속삭임에 무관심하게 되었을 뿐 아니라 밤이면 찾아오는 두려움에 잠을 이루지 못했고, 풍요로움을 지키기 위한 근심과 걱정이 더해지게 되었다.

그러던 어느 날 노인은 이 모든 변화의 현상이 본인의 따뜻한 심장이 돌심장으로 바뀌었기 때문임을 깨닫게 되어 요정을 찾아가 자신의 심장을 돌려달라고 청하게 되었고, 자신의 따뜻한 심장을 돌려받는 순간 그동안 가졌던 많은 재물이 일시에 없어졌지만 옛날 가졌던 오두막살이의 삶이 시작되어 맑고 깨끗한 눈과 귀를 되찾아 행복한 삶을 계속하게 되었다는 이야기를 소개하고 있다.

오늘 우리가 살아가는 사회는 돈을 많이 벌어서 소비하지 못하면 사람 구실을 제대로 못하며, 국가도 국제 사회에서 인정받지 못할 뿐 아니라 자기 목소리를 제대로 낼 수 없는 환경이 되었다. 그래서 사람들은 돈을 벌기 위해 혈안이 되었고 국가도 최고 지도자를 선택하는 기준으로 경제를 잘 아는 사람이 가장 많은 지지를 받게 되며, 땀 흘려 노력하여 새로운 아이디어로 많은 사람이 선호하는 제품을 만들어 경쟁에서 이겨야 하는 돈의 전쟁을 치르고 있는 것이다.

문제는 이와 같이 소중한 돈을 모으기 위해 따뜻한 심장을 돌심장으로 바꿔야 할 것인가 하는 것이다. 의학적으로 사람의 심장은 어떠한 경우에서도 따뜻해야 한다고 한다. 만일 심장이 돌처럼 굳어 있다면 그 사람은 사실상 죽은 것이다. 만일 돌심장을 가슴에 넣고 살아갈 수 있다면 많은 돈을 소유할 수 있을지 모른다. 그러나 이 이야기가 우리에게 주는 확실한 메시지는, 돌심장은 인간의 귀와 눈을 어둡게 하여 모두를 비정하게 만든다는 사실이다. 따뜻한 햇살과 시원한 바람이 없는 비정한 사회는 숨 쉬고 살아갈 우리의 소중한 터전이 될 수 없는 것이다.

사람은 지극히 간사한 존재로 돌심장을 소유하게 되면 따뜻한 심장에 대한 미련을 버릴 수 없게 되고, 따뜻한 심장을 갖게 되면 부유함에 대한 유혹을 떨쳐버릴 수 없는 딜레마에 빠지게 되는 것이다.

프랑스 문학가 빅토르 위고는 '피해갈 수 없는 인생의 세 가지 싸움'에 대한 이야기를 남겼다. 첫째는 '자연과의 싸움'이다. 여름이면 더위와 싸워야 하고, 겨울이면 추위와 싸워야 하며, 천재지변이나 온갖 질병 등과도 싸워야 하는 것이 인생이다. 두 번째는 '사람과의 싸움'이다. 인종과 인종 간의 싸움, 국가 간의 싸움, 종교 간의 싸움, 이념의 대립 등 생존 경쟁을 위한 수많은 싸움이 있다. 그리고 마지막으로는 '자신과의 싸움'이다. 게으른 자신과의 싸움, 선한 나와 악한 나와의 싸움, 나약한 의지와의 싸움 등 인간이 가진 양면성으로 인한 끝없는 싸움이 계속되는 것이다.

나는 2005년 말에 그동안 해왔던 일들을 내려놓고 은퇴를 했다. 은퇴 후 나에게도 꿈이 있었다. 돌심장 이야기에 나오는 한 노인처럼 앞으로의 내 삶은 고대광실 큰 집이 아니라도 이름 없이 피는 작은 꽃을 보며, 밤이 되면 풀벌레 소리를 들으며, 반짝이는 별을 헤아릴 수 있고, 흙냄새가 물씬 풍기는 한적한 시골 작은 집이었으면 좋겠다는 것과 고기반찬이 아니라도 땀 흘려 일군 고구마와 감자를 구워 먹을 수 있는 지극히 작은 삶을 통해 창조주이신 하나님의 섭리하심을 깊이 묵상하는 순전한 삶을 살고 싶었다.

돌로 떡을 만드는 것보다는 쌀로 떡을 만들고 나물에 된장을 바르는 더디고 우둔한 그런 삶, 바람결에 흐느적거리며 춤을 추는 보리밭 사이 길과 길게 늘어선 신작로의 가로수 길을 걸으며 엎드린 초가마다 피어내는 연기 속에 사라져가는 붉게 물든 저녁노을을 조금이라도 더 오랜 시간 보고 생각하며 살 수 있는 곳을 찾는 것이었다. 그러나 이 같은 나의 생각은 소소한 꿈이 되어 쉽게 이

룰 수 없는 갈등의 이중성으로 머물게 되었다.

우선은 현재 내 육체를 짓누르고 있는 몇 가지 질병에 대한 불안으로 병원 가까운 거리에 있는 현재의 거처를 벗어날 수 없었기 때문이며, 또 밤마다 찾아올 외로움과 사랑하는 손주들 그리고 많은 지인들과 점점 멀어져야 한다는 현실적인 이유 때문에 이루지 못하고 있다. 이것은 자연을 벗 삼는 호연지기(浩然之氣)의 삶보다는 쉽게 길들여진 편리함을 좇아 현실에 안주하려는 현실적인 욕심이 우세를 점했기 때문이 아닐까 생각된다.

따뜻한 심장을 동경하면서도 돌심장도 쉽게 버릴 수 없다는 것이 나의 선택이 되고 만 것이다.

우리들은 피할 수 없는 자신과의 싸움을 쉼 없이 계속하고 있다. 끝없는 자신과의 싸움에서 이길 수 있는 방법은 무엇일까? 그것은 극기(克己)라고 한다. 특히 동양에서는 예로부터 극기를 매우 소중한 덕목으로 생각했고, 이를 이루기 위해 자신의 욕망이나 감정을 억제하여 높은 자신을 낮은 자신으로 이겨내야 한다는 극기의 철학을 강조하였다.

그러나 문제는 이 같은 본인의 의지와 결단의 극기만으로 뜻을 이룰 수 없다는 것을 하루에도 몇 번씩 경험하면서 이중성의 한계를 넘지 못하는 인간이기 때문에 작심삼일이 잘못이 아니고 지극히 정상적이라는 것이다. 그래서 얻게 된 결론은 신에 가까워질 수 있는 최선의 삶을 위해서는 반드시 절대자이신 하나님의 도움이 필요하다는 것이다.

선에 대한 바람을 성취하고 악에 대한 강한 유혹을 이길 수 있는 절대적인 능력의 지혜를 구하는 겸손의 노력이 필요하다는 것이다.

지금의 내 심장은 따뜻한가 아니면 굳은 돌심장인가? 돌심장을 갖고 있다면, 따뜻한 심장을 다시 돌려달라고 절대자이신 그분을 찾아가는 길뿐이라는 사실을 다시 한 번 강조하게 된다.

성직의 아름다움

젊은 날에는 어찌 그리도 바쁘게 지냈는지 모르겠다. 정말 할 일이 많아서였는지, 아니면 마음이 앞서가는 조급함 때문이었는지, 그때그때 일을 마무리하지 못하고 뒤로 미루는 사례가 많았다.

쌓여 있는 책들과 자료들을 정리하다가 예전에 정리해둔 스크랩 파일을 발견했다. 당시 보고 싶은 글이 있으면 제목만 읽고는 내용을 읽어보지 못한 채 이내 스크랩해 두었던 것들인데 이제야 들추어보면서 왜 진작 보지 못했는지, 뒤늦은 후회와 아쉬움이 남는다.

지금은 고인이 되신 선우휘 선생, 당시 이 분은 조선일보 논설위원으로 계시면서 많은 독자들에게 감동을 주는 글을 많이 남기셨던 우리 시대의 정신적 스승이셨다. 그분이 소개한 "아름다운 두 가지 이야기"라는 실화가 있다.

200년 전 스페인의 세빌리아라는 작은 마을에 한 처녀가 살고 있었다. 그녀는 가정 형편이 어려운 한 젊은이와 사랑을 나누다 그만 임신을 하고 말았다. 그녀의 임신 사실을 알게 된 부모가 뱃속 아이가 누구의 아이인지 따져 묻자, 자신이 사랑하는 젊은이가 곤경에 처하게 될 것을 걱정한 나머지, 마을 근처의 수도원에 살고 있는 신부가 아이의 아버지라고 거짓말을 해버리고 말았다. 부모는 평소 많은 사람들로부터 존경받아온 신부가 아이의 아버지라는 말에 실망과 분노를 감추지 못했다. 그날부터 딸의 외출을 금지하고 숨겨오다가 달이 차서 딸이 아기를 낳자 신부를 찾아가 "신부님이 어떻게 이럴 수 있느냐?"고 하며 "당신 아이니 당신이 기르라"고 안고 간 아이를 넘겨주었다. 이 소문을 전해들은 마을 사람들은 신부를 신부로 인정하지 않게 되었고, 더 이상 교회를 찾지 않게 되었다. 신부는 기가 막히고 억울한 일이었지만 아무런 대꾸 없이 마을 사람들의 원망과 질책의 시선을 받으며 그 아이를 받아 길렀다.

몇 년이 지나 회한의 가슴을 안고 고향을 떠나 타향에서 일하던 아이의 진짜 아버지인 젊은이가 돈을 모아 고향으로 돌아와 처녀의 부모를 찾아가 그간의 일들을 소상히 이야기하고 함께 신부를 찾아가 깊이 사죄한 뒤, 신앙의 사람으로 바르게 성장한 어린아이를 데리고 돌아갔다.

이러한 소문이 퍼지자 그동안 신부를 오해하여 외면했던 마을 사람들은 깊은 감동을 받았고, 그 신부를 진정한 하나님의 사도로 인정하게 되었다고 한다.

선생은 이 이야기를 본인 가슴에 오래도록 간직하고 있는 성직자에 관한 가장 아름다운 이야기로 소개하였다.

지금까지 살아온 삶에 남겨줄 이야기가 무엇이 있나 생각하게 된다. 짧은 삶인가, 긴 삶인가! 그동안 무엇을 했나. 많은 분들의 용서와 도움과 사랑을 받아온 빚진 자로 나는 누구에게 무엇을 주었는지.

한평생을 조그만 마을에서 온갖 수모를 한마디 변명도 없이 스스로 감내하며 이름 없이 살았던 신부, 그분은 목적이 있는 삶을 실천하며 영원한 삶을 살았던 것이다. 성직자에게 사형과도 같은 성적 타락의 누명을 뒤집어쓰고도 한 젊은이의 현실과 장래를 생각하여 자신을 죄의 형틀에 말없이 내어주는 아름다운 거룩함이 수백 년이 지나온 지금까지, 그리고 앞으로도 영원히 사람들의 마음에 맑고 깨끗한 생수가 되어 마르지 않고 유유히 흐르게 된 것이다.

성공이란 무엇일까? 지극히 잘못된 오답이 정답으로 둔갑해버린 이기심이 거창한 구호나 외형을 중시하게 만들어버린 것은 아닌지 모르겠다.

오늘도 많은 교회, 성당, 사찰에서는 훌륭한 성직자들이 자신들이 믿는 신의 말씀을 외치고 있다. 어떤 분은 화려한 천사의 가면을 쓰고 자신의 얼굴에 묻어있는 오물은 보지 못하면서 가난함도, 어려운 시련도, 질병까지도 무엇이든지 구하기만 하면 복을 받는다고 풍성한 말의 성찬으로 사람들을 세뇌시키고 있다. 감동을 주는 강론이나 거창한 비전은 가르치지 않았지만 예수님의 모습처럼 말없이 십자가를 지는, 그래서 아름다운 삶으로 감동을 주고 있는 한 신부의 삶이 아름다운 성직자의 표상으로 만인의 존경과 사랑을 받고 있다.

고난의 추위를 이겨내고 돋아난 연한 순들이 그 모습을 드러내고 있다. 이 땅에는 수많은 어린 생명들이 자라고 있다. 이들의 마음에 새겨야 할 삶의 목적과 의미가 무엇이 되어야 할지, 생각하게 된다.

그동안 기독교계 지도자들은 사회 개혁과 개화 그리고 애국 운동에 괄목할 만한 공헌을 해왔다. 학교와 병원을 세웠고, 찌든 미신을 타파하고, 구습을 개혁하는 일에 앞장섰으며, 일제에 저항하고 공산치하에서 민족의 자주권을 위한 애족운동에 몸을 바쳐왔다. 기독교가 우리나라 근대사에 미친 긍정적인 공헌은 그 누구도 부인할 수 없을 것이다.

그러나 지금 한국 교회의 모습은 개체 교회와 개체 교단 강화에 뿌리를 두고 양적인 성장만을 추구하며 수천, 수만 명이 모이는 교회를 만드는 것이 목표가 되었다. 아시아를 비롯한 세계 교회들은 한국 교회를 교회 성장의 모델로 삼으려 하고 있다.

그렇다면 한국 교회는 성장하는 교회의 진정한 모델이 될 수 있을까? 급속한 교회 성장이 가져온 물량주의와 개교회주의의 문제점은 없는 것일까?

오늘날 많은 교계 지도자들의 주요 관심사는 교회 건물과 교인 수에 따라 나타나는 양적 성장이다. 그래서 모든 일을 자기 교회 중심으로 하고 있다. 구제나 선교도 내 교회가 하면 힘을 쏟지만 다른 교회나 다른 교단이 주관하면 냉담한 반응을 보인다. 이것은 모든 것이 자기 교회선전을 위한 구호에 집착하고 있음을 보여주고 있는 것이다.

이제는 참회의 모습으로 초기에 보여주었던 교회의 모습을 되찾아야 한다. 먼저 사치를 배격하고 가난했던 검소한 생활을 실천해야 한다. 교회 건물과 장식, 모든 행사가 검소함으로 실천되는 모습을 보여 준다면 얼마나 좋을지, 생각하게 된다.

외딴 섬 두메산골 산간벽지에서 몇 분의 노인들을 모시고 노동으로 섬기는 성직자들이 이 땅에도 많이 있다. 초라한 성전에는 화려하고 위엄 있는 말씀의 성찬은 없지만, 먹을 것 입을 것을 서로 나누며, 고장난 가전제품과 각종 농기구를 수리하는 만능 맥가이버가 되고, 함께 땅을 일구어 씨 뿌리는 따뜻한 위로의 행함을 보이는 갸륵함이 있다. 그분들이 바로 스페인 세빌리아의 조그마한 마을에 있었던 신부이며, 아름다운 성직자로 남을 분들이시다.

성도의 머리수와 헌금 액수로 자신을 높이고, 교회 건물의 크기로 위엄을 과시하는 교만한 모습은 예수님의 참 모습이 아니다.
우리 모두 겸손한 마음으로 거칠고 메마른 땅을 거니시며, 멸시와
천대도 침묵으로 품에 안으신 예수님의 십자가를 바라보며 그분의
발아래 엎드려 나 자신을 들여다볼 수 있는 깨우침의 조용한 시간
이었다.

욥기(Job)

　　서구 사회의 문명과 사상을 정확하게 이해하기 위해서는 기독교, 즉 성경을 바로 알아야 한다고 한다. 이탈리아, 영국, 프랑스, 독일, 터키, 헝가리, 오스트리아, 스페인, 그리스, 스웨덴, 노르웨이, 덴마크 등 유럽에 있는 모든 나라들 그리고 러시아를 비롯한 구소련의 모든 나라와 미국, 캐나다, 남미의 모든 국가들에 대해서도 기독교의 성경을 알지 않고는 이들 나라의 문화를 올바르게 이해할 수 없다는 것이다.

　　그것은 기독교가 오늘의 서구 사회가 있기까지 모든 문명의 초석이 되었으며 뼈대가 되었기 때문이다. 그렇기 때문에 지금도 서구의 많은 나라들이 성경을 한 종교의 범위를 넘어 누구나 보편적으로 알아야 하는 교과서로 채택하여 젊은이들을 가르치고 있는 것이다.

　　성경 중 구약성서에 나오는 〈욥기〉는 모든 사람들이 피해갈 수 없는 시련과 인내를 주제로 하여 '이 세상에서 왜 악한 사람은 잘 사는 반면, 올바르고 선하게 살아가는 사람은 당하기만 하며 살아야 하는지?'에 대한 정확한 답을 제시해 주고 있어 서구 사회에 매우 큰 영향력을 끼치고 있는 것으로 알려졌다.

전 하버드대학 총장 찰스 엘리엇은 '하버드 클래식'이라는 이름으로 《욥기》를 추천 고전으로 선정했고, 영국의 역사학자였던 토머스 칼라일도 《욥기》를 "문학적으로 완벽하여 달리 어깨를 견줄 만한 작품이 없다"고 평가했다. 또한 《욥기》는 문학, 음악, 철학, 종교, 교육 등 서양 문화 전반과 그들의 가치관에 지대한 영향을 미치고 있으며, 지금까지 전 세계인들에게 널리 읽히고 있는 독일의 괴테가 쓴 《파우스트》의 기본 틀이 되었을 뿐 아니라, 영국의 역사학자로 세계인이 잘 알고 있는 토인비가 쓴 《역사관 연구》에서 인류의 역사는 도전과 응전의 역사라고 정리하였는데, 이 개념역시 《욥기》에 기원을 두었다고 한다.

《욥기》서에서 소개하고 있는 욥은 "온전하고 정직하여 하나님을 경외하며, 악에서 떠난 자로 이 같은 자가 세상에 없다"고 하나님의 칭찬을 받았던 자였다. 그에게는 7남 3녀의 자녀가 있었고, 양이 7천 마리, 낙타가 3천 마리, 소가 500마리, 암나귀 500마리가 있었으며, 많은 종을 거느린 부자였다.

그러던 어느 날 사탄이 하나님 앞에 나타나 욥이 신실한 이유는 하나님이 축복해 잘 살게 해주었기 때문이라며, 그를 시험해보도록 요청하여 하나님께서 시험을 허락하시자, 사탄은 바로 욥의 전 재물은 물론 그가 사랑했던 자녀들까지 모두 빼앗아갔다.

그러나 욥은 일반적인 예상과는 달리 하나님을 원망하지 않았고, "주시는 자도 하나님이시요 다시 가져가시는 자도 하나님이시라"고 하며 하나님에 대한 믿음을 저버리지 않았다. 대부분의 사람들은 받을 때에만 감사할 줄 알지만, 욥은 모든 재물과 자녀까지 빼앗겼지만 감사할 줄 알고, 모든 소유의 주인이 누구인지를 정확하게 아는 참 신앙의 사람이었던 것이다.

하나님과의 시합에서 패한 사탄은 그대로 물러서지 않고, 다시 도전하여 "재물보다 더 소중한 건강을 빼앗기게 되면 욥이라도 반드시 하나님을 원망할 것"이라며 하나님께 간청하였으며, 하나님께서는 그렇게 하도록 또 허락하셨다.

욥의 몸은 발바닥에서부터 정수리까지 종기가 돋아 깨진 질그릇 조각으로 몸을 긁는 고통 속에서 서서히 죽어가게 되었다. 그같은 처참함을 지켜본 그의 아내는 하나님을 욕하고 죽으라고 하였으나 욥은 "어리석은 여자여 우리가 하나님께 복을 받았은즉 화도 받지 아니하겠느냐"고 화와 복의 주관자가 누구인지를 분명히 알고 그의 입술로 죄를 범하지 않았다.

그러던 중 욥을 찾아온 세 명의 친구까지도 욥에게 "네가 무엇인가 죄를 지었기 때문에 벌을 받는 것"이라며 욥을 꾸짖었지만, 오히려 욥은 "하나님께 징계 받는 자에게는 복이 있으므로 전능자의 징계를 업신여기지 말아야 하며, 하나님은 아프게 하시다가 싸매시며 상하게 하다가 그의 손으로 고치시며 여섯 가지 환난에서 구원하시며, 일곱 가지 환난이라도 그 재앙이 미치지 않게 하시며, 기근 때에 죽음에서 전쟁 때에 칼의 위협에서 구원하실 터이므로 멸망이 올 때에도 두려워하지 아니할 것이라"고 하나님에 대한 믿음을 끝까지 지켰을 뿐 아니라 "내가 가는 길을 하나님께서 아시므로 그가 나를 단련하신 후에는 내가 순금같이 되어 나올 것"이라는 확신을 보여주었다.

이 세상에서는 악하고 거짓된 사람들이 잘 살고, 정직하고 법을 지키는 사람은 고통과 시련을 겪게 되는 것을 쉽게 볼 수 있다. 이 같은 사실은 《욥기》를 통해서 우리가 갖게 되는 공통된 질문인 것이다. 크리스천들은 "우리의 소망은 사후(死後) 세계이므로 이 땅에서는 바보처럼 손해 보면서 온갖 시련과 고난 속에 살게 되더라도 죽은 후에는 천국에서 큰 보상을 받게 된다"고 대답하지만, 그것으로 충분히 만족할 수 있을까 하는 반문을 갖게 된다.

대부분의 사람들은 의와 불의의 문제를 자신의 이성과 지식의 범주에서 판단하여 행동한다. 욥의 세 친구와 그의 아내가 이 같은 현상을 대변해주고 있다. 정확한 해답은 자신의 이성과 지식만으로는 올바른 해법을 얻을 수 없다는 것이다.

인생을 흔히 나그네의 길을 가는 자라고 한다. 지나온 길은 어떤 길이었는지 보이지만 가야 할 내일의 길은 보이지 않는 미지의 길이기 때문에, 나그네는 위험에 처할 수 있으며 오늘 저녁에 어떠한 상황에 처할지 알 수 없는 것이다.

모든 사람에게는 크고 험한 고난이 예측할 수 없는 시간에 불현듯 찾아온다. 뿐만 아니라 세상은 나를 가만히 놓아두지 않는다. 평안을 누렸던 욥에게 어느 날 갑자기 휘몰아친 마귀의 시험처럼 하나님을 섬기는 나만은 예외가 될 것이라는 생각은 지극히 잘못된 것이다. 내가 잘했고, 잘못했기 때문에 오는 것이 아니라, 나의 행위와는 상관없이 고난과 역경은 언제든지 찾아올 수 있다는 것이다. 그럴 때에 내가 무엇인가를 잘못했기 때문에 시련과 아픔이 왔다고 자책하거나, 내가 무슨 잘못을 했다고 이 같은 고난을 나에게 주느냐는 원망은 어리석음이며 자신을 망하게 하는 것이다. 그러므로 먼저 나에게 닥친 역경의 의미와 교훈이 무엇인가를 자신에게 곰곰이 물어보아야 하며 당장은 그 뜻을 이해할 수 없을지라도 내가 더 크게 성장할 수 있는 기회가 된다는 믿음의 확신이 필요하다는 것을 우리에게 말해주고 있는 것이다. 사람은 예외 없이 역경과 시련을 피할 수 없기 때문에 오직 절대자이신 하나님께 도움을 구하는 것이 올바른 해결책이다. 이 해답을 찾아 생각하고 행동하는 것이 승리와 패배의 관건이 되는 것이다.

창조주 하나님을 전적으로 의뢰하며 그분을 신뢰하는 믿음이 내 인생의 초석이 되어 있으면 어떤 경우에도 흔들리지 않는 믿음으로 자신을 흔들림 없이 지켜나가게 되며, 또한 믿음의 강인함을 통해 넘어지기 쉬운 자신을 순전한 믿음으로 끝까지 지켜야 마귀의 시험에서 승리할 수 있음을 《욥기》서는 모든 사람들에게 확인시켜 주고 있는 것이다.

끝까지 좌절하지 않고 믿음을 지켜 승리한 욥에게 하나님께서는 천국에서 후한 상을 주시겠다고 하지 않으시고 이 땅에서의 삶에 더 많은 것으로 채워주셨다. 양과 가축을 이전보다 배나 많이 주셨을 뿐 아니라, 아들 일곱과 딸 셋을 낳아 140년을 산 뒤 하나님의 부르심을 받았다고 성경은 기록하고 있다.

성공적인 삶은 어려움에 처할 때, 절대자를 끝까지 신뢰하는 믿으로 꿋꿋하게 이겨낼 때만 승리 할 수 있다는 확신이 우리 모두의 확실한 신념이 되었으면 좋겠다.

대한민국의 주인이 될 모든 젊은이들이여 "청년의 때에 《욥기》서를 정독(精讀)"하여, 음미하고 묵상하고 기도드려 삶의 지침서로 삼을 것을 강력히 추천한다.

예수님 부활

　성경 4복음서에 기록된 예수님의 삶은 많은 시련과 고난의 연속이었다. 신앙의 영적인 경건성을 잠시 접어두고, 육체를 지닌 한 인간의 삶으로 생각해볼 때 예수님은 분통이 터지는 바보 같은 삶을 사셨다. 하늘의 영광을 버리시고 인간의 몸으로 오셔서 사람들이 버렸던 고아와 과부의 아버지였으며, 병든 자들을 고쳐주고, 죽은 자를 살리셨으며, 맹인의 눈을 뜨게 하고, 나면서부터 못 걷던 자를 걷고 뛰게 하였으며, 나병환자에게는 깨끗함을 주었고, 간음하여 돌에 맞아 죽을 수밖에 없었던 여인에게는 새로운 삶을 다시 시작하게 하셨다. 이 땅에 사는 인간으로서는 그 누구도 할 수 없는 일들을 몸소 행함으로 보여주셨던 것이다.

　그래서 많은 사람들이 이 소식을 듣고 전국 각지에서 몰려들었고, 그를 따라 산으로, 강으로, 들로, 광야로 다니면서 말씀을 듣고, 그 분의 옷자락만이라도 만져보길 소원했다.

　그런데 참으로 이해할 수 없는 일이 벌어졌다. 아무런 죄가 없고, 거짓된 것도 없고, 기사와 이적으로 수많은 사람을 치유하셨을 뿐 아니라 죽음 후의 세계에 영원한 구원까지 보장해주신 그분을 십자가에 못 박아 죽이라고 그를 따랐던 자들이 외쳤던 것이다. 예수님을 죽이려고 철저하게 계획된 빌라도의 법정 뜰에는 미친 군중들이 굶주린 이리 떼처럼 광분해 진짜 죄인은 놓아주고 죄 없으신 예수님을 십자가에 못 박아 죽이라고 외쳤다.

인간이란 얼마나 악한 존재인가? 어느 수준까지 타락할 수 있는지? 그 누구도 믿을 수 없는 무서운 존재가 인간임을 깨닫게 한다.

예수님을 가장 아프게 했던 것은 무엇이었을까? 쇠갈퀴 채찍에 살점이 떨어져 나가는 아픔, 십자가에 못 박힌 손과 발, 창에 찔린 옆구리, 이 모든 것은 육체의 아픔이었기에 참아낼 수 있었다 할지라도, 참을 수 없이 아팠던 것은 그토록 믿고 따랐던 자들로부터 버림받는 배신의 아픔이 아니었을까 생각하게 된다.

예수님이 어떤 분인 것을 직접 보고 듣고 확인했던 제자가 스승을 돈과 바꾸어 거래했고, 나는 그를 결단코 모른다고 부인하며 다 떠나버린 자리에 홀로 남은 예수님, 그분께서 진리가 사형을 당하고, 생명이 죽음이 되며, 참된 길이 끊어지는 절망의 순간을 우리에게 보이심은 육체적인 속성의 한계를 벗어나지 못하는 죄인된 우리들의 삶을 적나라하게 보이시고 있는 것은 아닐까.

우리가 살아가는 현실은 비진리가 진리를 죽이고 있다. 거짓이 진실을 비웃고 있다. 부정함과 타협하며 적당히 비켜가는 요령이 삶의 수단이 되었다. 죄 있는 자가 죄 없는 자를 거짓의 올가미를 씌워 죽이는 기막힌 참담함이 밝은 해 아래서 이 시간도 진행되고 있다.

예수님의 삶은 그렇게 부조리함으로 끝난 것인가? 나와 우리 모두가 예수님을 믿고 있는 이유가 무엇인가? 그보다 예수님을 아직까지 모르거나 알면서도 믿지 않는 사람들이 그분을 꼭 믿어야 하는 이유는 무엇인가? 그것은 예수님께서 비진리와 거짓의 죄악과 어두운 권세의 죽음을 한순간에 무너뜨린 부활의 승리자가 되었기 때문이 아닐까. 만일 예수님이 돌무덤을 깨뜨리고 부활하지 않았다면 그분의 정직과 선함의 외침은 큰 의미를 갖지 못했을 것이다. 예수를 믿지 않는 자들에게 그분을 믿고 따라야 한다고 외치는 진실은 그분만이 부조리한 죄악을 깨뜨리고 선한 싸움의 승리자가 되셨기 때문이 아닐까.

우리 인간들의 삶이 아침에 이는 안개나 이슬처럼 잠시 있다 없어지는 것으로 끝이라면 선행을 베풀면서 정직하게 손해 보며 바보처럼 살아야 할 아무런 이유가 없는 것이다. 예수님의 이름으로 목숨을 내어준 순교의 많은 사람들, 정직하게 살다가 천대받으며 이 땅을 떠난 수많은 생명들, 억울한 누명을 쓰고 죽음을 당한 사람들이 죽음으로 끝이 난다면 이보다 더 분통터지는 일이 어디 있을까? 그것은 부조리한 울안에서 살다가 부조리한 배신의 죽음으로 끝나 버리는 것과 무엇이 다른가?

이 땅에서 살고 있는 모든 사람에게 공통으로 남는 가장 큰 문제는 수고, 가난, 눈물, 배신, 억울함 등 해결하고 싶은 것들이 많이 있지만 그보다 가장 먼저 생각할 수 있는 것은 죄의 문제와 죽음 이후의 문제가 아닐까. 수고와 고난의 온갖 것들이 아무리 어렵고 힘들다 할지라도 이 같은 것들은 시간의 흐름 속에 다 지나가고 묻히게 되어 있다.

어떤 억울함은 세월의 흐름 속에 아름다운 추억이 되기도 한다. 그러나 내가 범한 죄의 문제는 영원히 남아 있으며, 어떤 방법을 동원해도 해결할 수 없는 것이다. 시기했던 것, 질투했던 것, 미워했던 것, 거짓말, 눈속임, 적당한 타협, 게으르고 나태함, 분을 품은 독설 등 이런 류의 죄악들은 어떤 방법으로도 깨끗하게 지울 수 없는 문신으로 남게 되는 것이다.

모든 사람에게 또 다른 가장 큰 문제는 죽음 이후의 세계를 생각하지 않고 있다는 것이다. 이 땅의 삶으로 모든 것이 끝나는 인생이라면 삶의 의미와 방법이 크게 바뀌어야 할 것이다. 이 땅을 살다간 수많은 사람들이 사람은 장차 어디로 가느냐는 질문을 놓고 여러 형태의 종교와 철학이라는 이름으로 많은 고뇌의 흔적을 남기고 또 남겨 왔다. 그러나, 분명한 것은 본인이 인정하든 부정하든 본인의 판단과는 아무런 상관없이 죽음 후에는 마땅히 내가 가야 할 세계가 존재하고 있다는 것이다.

　이와 같은 사실 앞에서 어떤 방법으로도 해결할 수 없는 죄의 문제와 죽음 이후의 문제를 말끔히 해결해준 사건이 바로 예수님의 부활인 것이다.

　사람은 나이가 들면서 자신의 희망이 바뀐다고 한다. 나도 어린 날과 청년의 때 그리고 장년이 되었을 때와 은퇴 이후 최근의 바람이 달라졌다. 요즘 나의 꿈은 이 나라 남과 북, 칠천만 남녀노소 모두가 빠짐없이 부조리함을 깨뜨리시고 부활로 승리하신 예수님을 믿는 대한민국이 되어서 자신의 죄를 용서받고 죽음 이후에 영원한 세계에 들어가는 것이다.

　보화가 눈앞에 있으며 참된 진리가 귓전에 울리고 있는데도 보지 못하고 듣지 못하는 안타까움을 어찌 일깨울 수 있을지 답답한 안타까움이 나를 슬프게 하고 있다. 애타는 마음으로 예수님의 부활 소식이 만백성의 가슴에 올바르게 새겨지기를 소망하는 거룩한 부활의 아침을 맞는다.

4

아름다운 여정

무지개 | 기초 | 현현(顯現) | 산길

독점과 양심 | 그림자 | 참이웃

미국여행 | 마무리

무지개

어제는 뒷산을 오르다가 길섶에 세워있는 시비 앞에서 발길이 멈췄다.

최두호 시인이 쓴 〈무지개〉라는 시였다. 시문을 읽으면서 시인의 마음에는 여느 사람에게서는 쉽게 찾아볼 수 없는 아름다움이 있음을 느끼게 되었다. 정제되고 다듬어진 깨끗함 없이는 만인에게 감동을 주며 만인이 공감할 수 있는 시가 떠오를 수 없을 것이다. 무지개를 보고 느끼고 생각하여 표현해 낸 편안하고 간결한 시구의 마디마디에 맑은 기쁨이 찾아든다.

해님이 / 색동옷을 지으려고

색실을 풀어서 베를 짜 / 햇빛에 말리고 있다

선녀들이 / 하늘에서 땅으로 나들이 할 때

타고 내려오라고 / 해님이 만들어 놓은 예쁜 다리

요즘에는 환경이 오염 되어 여간해서는 무지개를 볼 수가 없다.

수년 전 샌프란시스코 출장길에 남태평양 해변을 지나다가 한 차례 소나기가 지난 후 맑고 깨끗하게 떠오른 무지개를 볼 수 있었다. 얼마나 감동적인 순간이었는지 그 무지개를 보고 감격했던 그때 마음이 지금까지 내 마음에 선명하게 남아 있다.

그 무지개를 보았을 때 나는 무엇을 떠올렸던가? 아름답다고 환호하였으며, 어린 시절 무지개를 좇아 달려가다 지쳐 주저앉고 말았던 기억을 되새겼고, 빨 주 노 초 파 남 보 7가지 색의 조화에 감격했던 것이 전부였던 것 같다.

굳은살로 무디어져 바싹 메말라버린 나 자신의 모습을 바라보게 되는데, 시인의 마음은 무지개를 보는 순간 해님이 색동옷을 만들려고 색실을 모아 예쁜 베를 손수 짜서 햇빛에 말리려고 풀어놓고 있다고, 또 선녀들이 하늘에서 땅으로 소풍 올 때 다시 타고 돌아오라고 만들어 놓은 예쁜 사다리라고 생각하는 순전함을 소생시켜 마냥 좋은 순결한 감동을 안겨준다.

지나가던 초등학생 몇 명이 맑고 깨끗한 목소리로 조용히 부르는 동요소리가 내 마음에 살포시 안긴다. 윤석중 선생이 지으시고 홍난파 선생이 곡을 붙인 〈하얀 반달〉이다.

낮에 나온 반달은 하얀 반달은
햇님이 쓰다버린 쪽박인가요

이게 웬 떡인가. 연이어 또 들려주는 〈오빠 생각〉이다. 최순애 선생과 박태준 선생이 작사 작곡하신 동요.

어린 날 즐겨 불렀던 그리운 동심이 꼬리를 물고 되살아난다. 나에게도 어린 시절이 있었던가, 이런 호사의 행복을 누리고 있음이 어찌된 일인가. 찌들었던 애간장이 맑게 되고 어린날의 순전함을 되찾은 환한 미소가 이어졌던 참으로 복된 축복의 날이었다.

골방 서재에 있노라면 아내가 즐겨 듣는 FM 방송에서 조용한 음악이 내 마음과 귀를 열어준다. 얼마나 아름다운 음악인지 감동과 평안이 있다. 하던 것 모두 내려놓게 하고 모든 것이 하얗게 지워지고 잊히는 평안한 순간을 맞는다.

향기롭게 다듬어진 글과 음률로 표현되는 시와 음악은 죽어가는 생명을 소생시키는 물과 햇빛이며 깨끗한 혈액인 것을 어떻게 감사해야 할지, 마냥 빚진 자로 그냥 행복할 뿐이다.

젊은 날에는 유명하다는 정치인의 연설문을 즐겨 읽기도 하고 듣기도 했다. 언제였던가, 존 에프 케네디 미국 대통령이 취임하던 날 라디오 가게에서 들려나온 연설문을 귀담아 듣고 이내 활자화된 연설문을 수도 없이 읽기도 했다. 그러나 그런 류의 연설문에는 인위적으로 의도하는 목표 달성의 압박과 타산을 위한 산술적인 계산이 숨어 있기 때문에 마음을 맑게 해주는 편안한 행복을 얻을 수가 없지만, 예술과 문학은 굳어 있는 마음을 녹여주고 품성을 맑게 하는 오염되지 않은 깨끗한 공기와 같은 생명의 원천이 숨어 있다.

보릿고개를 넘기며 생존을 위해 먹을 것을 찾아 어렵게 살았던 시기가 그리 오래되지 않았다. 지금은 어떤가? 먹을 것이 넘치고 입을 옷도 많아졌다. 이제는 적게 먹는 것이 많은 사람들이 바라는 목표가 되었다. 그렇다고 우리의 몸과 마음은 풍성한 평안을 얻고 있는가?

그동안 숙원이었던 동계올림픽 개최를 평창에서 유치하게 되었다는 기쁜 소식이 전해지고 있다. 정부는 미국도 하지 못한 동·하계 올림픽과 월드컵 그리고 세계육상선수권대회를 모두 개최하게 된 자랑스러운 국가가 되었다고 자랑하며 국민들을 들뜨게 하고 있다. 동양 최대의 운동장들이 세워졌고, 하늘을 찌를 듯한 고

층 빌딩들이 우뚝 솟아오르고 있는 것은 분명 우리의 자랑이며 기쁨이 되기도 한다.

K팝이 팝의 고장이라 할 수 있는 영국을 비롯한 유럽 대륙을 휩쓸고 있다. 한류가 지구촌 곳곳에 스며들고 있고, 힘과 기량을 겨루는 국제경기장에서 우리의 아들 딸들이 정상의 자리에 우뚝 서서 감격의 눈물을 흘리며 세계 열방 앞에 대~한민국을 드높이고 있다.

그렇다면 우리는 자랑스런 대한민국에서 행복을 만끽하고 있는 것인가, 그 행복은 얼마나 오래 지속되는 것일까? 각자의 마음은 메말라가고 정서는 피폐함으로 거칠어지고 있는 것은 어찌된 일일까? 우리의 본성을 소생시킬 수 있는 방법은 무엇일까?

감성을 끌어내는 시 한 편, 진한 감동을 주는 문학 한 편, 넋을 잃게 하는 음악 한 곡을 편안하게 듣고 읽고 느낄 수 있는 기쁨, 이보다 더 값진 것이 있을 수 있을까?

국력을 힘이라 하며, 그 힘은 눈에 보이는 국방력과 경제력이라고 한다. 그러나 진정한 힘은 절대다수가 행복감을 느끼게 하는 눈에 보이지 않는 정신적인 것임을 망각해서는 안 된다.

우리가 만든 제품이 세계 제일의 상품이 되어 세계 시장을 지배하고 있다는 기쁜 소식을 듣게 된다. 그러나 그보다 더 소중한 것은 세계인의 마음과 정신세계를 지배할 수 있는 우리의 시 한 편과 음악 한 곡이 더 소중한 가치가 있지 않을까 생각하게 된다.

생존의 싸움은 멈추지 않는다. 삶의 현장은 잠시의 쉼을 주지 않는다. 그러나 멈추지 않는 싸움터에서도, 쉼 없는 경쟁에서도 참된 안식과 평안을 놓아서는 안 된다. 왜냐하면 그것은 우리의 마음을 맑게 하는 생명의 호흡이 되기 때문이다. 지하철에 걸린 시 한 편에 사람들의 시선이 모아진다. FM의 선율이 모든 걱정과 아픔을 잊게 한다.

오늘도 안식과 맑은 호흡을 위해 산길에 외로이 서 있는 시비를 찾아 발길을 재촉해야겠다.

기초

1960년대 우리나라에는 텅스텐 같은 몇 가지 광물을 제외하고는 외국에 팔아 달러를 벌어들일 자원이 없었다. 그러던 중 심각한 외화 갈증을 해소시킬 수 있는 계기가 마련되었다. 1963년부터 1977년까지 서독에 보낸 광부와 간호사 2만 명, 그리고 1964년부터 1972년까지 월남에 파병된 군인 32만 명, 이 분들이 송금해 온 달러였다.

광부들은 젊은 청춘을 막장에 쏟고 땀과 눈물을 서독 광산에 묻었으며, 간호사들은 시체를 손으로 닦아가며 변비 걸린 환자들의 항문을 손으로 파냈고, 파병 군인들은 목숨 바쳐 공산 베트콩과 싸워 일당 1달러를 조국에 송금했던 것이다.

오늘날 우리는 번영의 호사함에 도취되어 있다. 그러나 심각한 문제는 그동안 번영의 기초가 되었던 초석들이 묻혀버려 보지 못하고 있다는 것이다. 우리가 다시 기억해야 할 것은 조국에 송금되어 왔던 1달러, 그 1달러가 차곡차곡 쌓여 튼튼한 기초가 되었다는 것이다. 조국을 살려야 한다는 일념으로 자신을 희생의 천한 몸으로 내어준 분들의 땀과 눈물의 고귀함을 잊지 말고 꼭 기억해야 할 것이다.

요즘 이 나라의 젊은이들이 체육, 예술, 대중문화 등 다방면에서 세계의 유수한 열강들과 겨루어 이 민족의 가슴에 기쁨과 열광의 뜨거운 눈물을 흘리게 하는 감동을 전해 주고 있다.

어떤 경우에도 1등은 우연히 얻을 수가 없다. 고난과 역경을 지혜롭게 이겨내고 자신과의 피나는 싸움에서 승리하는 기초의 튼튼함 없이는 결코 성취될 수 없는 것이다. 오늘의 경제적인 부요함도, 세계열강들과 어깨를 나란히 할 수 있는 것도 누군가 쌓고 다진 기초의 튼튼함이 있었고, 이어받은 유전자의 혈통이 우리 몸속에 흐르고 있기 때문인 것이다.

우리 조상들은 독특한 근면성과 독창적인 창의력의 질긴 잠재력을 후손들에게 좋은 유산으로 물려주었다. 앞으로도 계속 좋은 결실을 얻기 위해서는 튼튼한 기초 위에 돌을 골라내고 잡초를 제거하여 좋은 옥토를 만들어내는 일에 게으름이 있어서는 안 된다. 엉겅퀴와 가라지는 때와 장소를 가리지 않고 자란다. 걷어내고 뽑아내어 지금의 옥토를 계속 가꾸어나가야 할 일이 우리의 몫인 것이다.

기름진 땅에 떨어진 씨앗은 백 배, 천 배의 견실한 열매를 맺게 되지만, 척박한 땅 돌밭에 떨어진 씨앗은 햇빛에 이내 말라버려 결실 없는 썩음으로 끝나게 된다는 사실을 결코 잊어서는 안 될 것이다.

높은 건물을 튼튼하게 올리기 위해서는 눈에 보이지 않는 기초를 견고하게 만들지 않고서는 불가능하다. 높은 건물은 바람을 많이 받아 흔들리게 되지만 초석의 완벽함으로 그 위용을 유지하게 되는 것이다.

우리는 분명히 보았고 기억하고 있다. 와우아파트가 무너졌고, 성수대교가 두 동강이가 났으며, 삼풍백화점이 주저앉았다. 모두가 기초의 허실이 가져온 참극이었다.

일본은 십 수 년 동안 경제 침체 가운데 있고, 최근에는 대지진과 쓰나미, 그리고 원자력발전소의 방사능 누출 같은 최악의 상황을 맞으면서도 흐트러짐 없는 경제 강국의 이미지를 계속 보여주고 있다. 그 비결은 그들만의 근성으로 이어져 온 기초의 튼튼함에서 찾아야 할 것이다.

1945년 8월 15일 일본은 패전국이 되었다. 일본의 수많은 과학자들은 전쟁 중 무기를 만들었고, 전쟁을 지원하는 온갖 일에 주도적인 역할을 담당하였기 때문에 그들은 분명한 1등 전쟁 범죄자들이었다. 그러나 전범을 가려내는 재판 과정에서 일본 정부는 모든 수단을 동원하여 과학자들은 전쟁과는 관계없는, 학교에서 교육을 담당하는 순수한 선생이었음을 변호하여 이들을 전범의 범위에서 제외시키는 일에 성공하였다.

　마침내 전범에서 풀려난 모든 과학자들이 전국에 흩어져서 청소년들에게 기초과학을 가르치는 데 전념하게 되어 오늘날과 같은 튼튼한 나라가 되었다고 한다. 첨단의 과학도 기초 학문의 튼튼함 없이는 불가능하다. 모방이라는 방법을 동원한다 하지만 그것은 뿌리 없는 생명이기 때문에 곧 시들게 되는 것이다.

　내가 서 있는 땅의 기초는 어떠한가? 내가 살고 있는 집의 기초는 튼튼한가? 이 기초는 누가 어떻게 만든 것인가? 그동안 순간의 기쁨에 도취되어 묻혀버린 우리의 기초를 찾아 그 기초에 배어 있는 조상의 정신과 얼을 기억하고 점검하고 확인하는 일에 소홀함이 있어서는 안 된다. 기초를 확인하는 것은 밝고 환한 햇빛 아래서 지금 시행되어야 한다. 어두워지면 보이지 않기 때문이다.

　우리 조상들은 근면과 성실로 무너진 둑을 막았고 또 쌓아올렸다. 가발 공장에서, 보세 창고에서 불철주야 먼지로 허기진 배를 채웠고, 이 나라의 동생과 조카들을 교육시킨 억척 스승이었다. 우리들의 어버이는 태평양을 건너온 부패한 강냉이와 밀가루로 허리띠를 조였고, 풀뿌리와 나무껍질로 배를 불리면서도 고속도로를 만들고 공장을 세운 역전의 용사들이었다.

　열사의 땅 중동과 정글의 땅 베트남에서, 남의 나라 광산 지하 갱도에서, 시신을 닦으며 뿌렸던 피와 눈물이 마침내 이 나라의 튼튼한 초석이 되었다는 사실을 반드시 기억해야 한다.

자만의 거드름은 만악의 뿌리라 했다. 내가 잘했고, 내가 영특해서 이룬 것으로 생각하는 것은 지나친 어리석음이다. 겸허함으로 오늘을 튼튼하게 받쳐준 앞선 세대에 존경심을 갖는 것이 필요하다. 아무리 튼튼한 기초도 세월과 함께 부식된다는 사실을 잊지 말고, 보이지 않는 기초를 수시로 확인하여 튼튼히 다듬고 또 보완하여 위대한 조상으로 계속 이어져가는 대한의 젊은이들이 되어주길 간절히 소망한다.

현현(顯現)

영어 단어 중 '이피퍼니'(Epiphany)라는 생소한 표현이 있다.

재미작가로 활동하셨던 김은국 선생은 '이피퍼니'의 뜻을 두 가지로 정리하고 있다. 먼저는 기독교에서 사용하는 단어로 크리스마스 다음 날부터 헤아려서 12일째 되는 날, 세 동방박사가 베들레헴을 방문하여 구원자로 오신 구세주를 뵙는 '구세주의 현현(顯現)'이고, 또 하나의 의미는 문학을 공부하는 사람, 특히 영미문학을 연구하는 사람들이 귀하게 사용하고 있는 것으로 '지극히 단순하고 평범한 사물이나 경험을 통해서 어떤 것이 진실이고, 근본적인 뜻인가를 순간적이고 직감적으로 깨달아 알게 된다'는 뜻이다.

기독교인이 아니라 할지라도 베들레헴의 낮고 천한 말구유에 누워 있는 아기 예수를 찾아 무릎을 꿇고 예물을 드리며 경배 드리고 있는 세 명의 박사가 그려진 그림을 많이 보았으리라 생각된다. 초라한 말구유에 누워 있는 어린 아기를 바라본 그 순간 바로 저 아이가 모든 인간을 죄에서 구하러 오신 하나님의 아들, 어린 양, 구세주이신 것을 단번에 직감적으로 알아보게 되어 그분 앞에 경배 드리는 '이피퍼니', 즉 현현이라는 말이 나오게 된 것이라고 한다. 밤하늘의 별빛을 따라 12일간의 길고 험한 고난과 시련의 길을 포기하지 않고 끝까지 찾아간 세 명의 현자는 누구도 생각할 수 없는 참 진리를 알아낸 사람들이다.

문학을 하는 사람들, 특히 작품을 쓰는 사람들에게는 '이피퍼니'를 통해 사물이 주는 진실과 뜻을 깨닫고 터득하는 능력을 갖추는 것이 매우 중요하다고 한다. 동방의 박사들처럼 현현의 경지에 이른 옛 문인으로 셰익스피어와 톨스토이 그리고 헤밍웨이 등을 꼽기도 한다.

'이피퍼니'라는 말은 종교적인 뜻에서든, 문학적인 뜻에서든 평범하고 단순하고 진부한 것, 즉 지나쳐버리기 쉬운 지극히 작은 것에서 순간적이고 직감적으로 참된 것을 찾을 수 있는 진리에 대한 통찰력을 의미한다. 참 진리는 어마어마하게 큰 것, 화려한 궁전이나 으리으리한 침대 위에 금은으로 장식되어 있는 것이 아니라, 오히려 누추한 말구유나 지극히 작은 곳 내가 살아가는 삶의 현장에서 찾아야 한다는 가르침일 것이다.

'이피퍼니'가 주는 공통점은 근본의 진실을 통해 무한한 기쁨과 무엇으로도 비교될 수 없는 평안을 얻게 된다는 것이다. 지나온 내 삶에서 찾을 수 있는 '이피퍼니'는 어떤 것이었을까? 구세주의 현현을 찾은 동방박사들이나 옛 문인의 경지는 아니더라도 지나온 일상의 삶, 평범함 속에서 순간 순간 지나쳐 버렸던 참 가치는 어떤 것이었는지를 생각하게 된다.

　사람들은 누구나 아름다움을 찾아 보고 즐기며 그 속에서 기쁨 누리기를 간절히 소망하면서도 정작 그 같은 소중함을 쉽게 찾지 못하는 어려움을 겪고 있다. 그러나 찾아보고 헤아려보면 내 삶이 주는 '이피퍼니'는 일상에 묻혀 있었다는 것을 뒤늦게 깨닫게 된다. 파란 하늘에 유유히 흘러가는 새털구름은 분명 시리도록 맑고 깨끗한 평안이며, 바위틈에 오롯이 모여 피어나는 국화송이는 어두워진 눈과 탁해진 마음을 말끔히 씻어주는 아름다움이다. 계곡을 지나 산 위에서 부는 시원한 바람은 이마에 맺힌 찌든 찌꺼기를 깨끗이 씻어주는 고마움이며, 돌멩이를 굴려 모래를 모으며 조잘거리는 개울물 소리는 아픔도 미움도 잊게 하는 치유의 손길과 같다.
　그 뿐인가, 이 땅에도 천국이 있다 했는데, 그 곳은 내가 안식할 수 있는 작은 집이라 했다.
　밤늦은 시간, 지친 몸으로 대문을 열었을 때 화장기를 말끔히 지운 순전한 아내의 젖꼭지를 입에 넣고 새록새록 잠이 들어 포근히 안긴 하늘이 주신 천사 녀석들, 집안을 가득 채운 아내의 비릿한 젖내음의 달콤함은 그 어떤 향기와도 견줄 수 없는 것이며, 아내 등에 업혀 포대기에 살짝 내민 또렷한 다섯 발가락에 알토란

곡선을 이룬 녀석들의 종아리는 그동안 그냥 스쳐 지나쳤던 값진 '이피퍼니'가 아니었던가. 그동안 내가 가야할 길은 바삐 서두르지 않으면 어두움이 쉬 온다는 두려움이 있었다. 그러나 바삐 서둔다 하여 얻은 것, 남은 것이 무엇인가? 잃어버리고 텅 빈 허전함만 남지 않았는가?

내 지나온 길을 되돌아보니 내 곁에 가까이 있었던 진짜를 무심히 스쳐버린 헛된 어리석음의 후회가 남는다. 나그네의 길이 길다 하여 무슨 큰 자랑이 될 수 있으며, 짧다하여 어떤 섭섭함이 있을까. 인위적으로 가공하여 만든 것은 생명력이 없다고 했다. 소소한 것 일상적인 것에는 진실된 호흡이 있어 서로의 진솔한 마음의 소통이 있다고 했다. 내 앞을 걷는 여인의 치마폭이 바람에 흩날리어 하얀 속치마가 보일듯 말듯 호기심을 자극하는 시각의 느낌에는 가공 없는 수수함과 고유의 아름다운 은근미가 살아있지 않은가.

삶을 더하면서 느끼게 되는 것은 그동안 너무 큰 것만 쳐다보며 분주하게 쫓아온 결과 진짜 아름다움을 지나쳐버리지는 않았는지, 가버린 날들을 되돌리고 싶은 후회가 남는다.

지나온 날들이 지나간 주마등으로 기억되지만 이제 잡아보려니 그 소중했던 것들은 이미 잡을 수도 없고, 잡히지도 않는 창가에 스쳐지나간 희미한 그림으로만 남아 있다.

'너무 아름다워 찬란함을 보이는 꽃은 열매가 없으며 빛나는 구름은 이내 흩어져버려 다시 볼 수 없다.'는 이인로 선생의 《파한집(破閑集)》이 생각난다.

앞으로 맞게 될 여정에서 내가 놓치지 말아야 할 진실되고 근본이 되는 '이피퍼니'는 무엇일지, 이제부터는 놓치고 후회해서는 안 된다는 뒤늦은 깨달음이 남는다.

아내가 마련한 저녁상에 배어 있는 사랑과 정성이 침침한 내 마음을 열어주는 따뜻한 '이피퍼니'가 되었다.

산길

산길에는 어느새 스산한 바람이 일고 빨갛고 노란 나뭇잎들이 쌓여 발목을 덮는다.

바삭바삭 부서지는 낙엽을 밟으며 산길을 걷노라면 세월의 무상함과 내가 이 땅의 삶을 마치고 돌아갈 곳이 어디인가를 헤아리게 된다.

만지면 뭉개질 것 같던 연초록 새 생명들은 짙은 녹색으로 성장하여 한여름에는 햇살을 가리다가 어느새 가을바람 맞으며 천연물감으로 물들고 끝내는 땅 위에 떨어져 누운 채 흙으로 돌아가고 있다. 산길은 고개를 넘는 비탈길과 골짜기를 지나고 개울을 건너야 하지만 하루 종일 걸어도 피곤하거나 지루함을 느끼지 않는다. 찾아와 동행해주는 이름 모를 새들과 이마에 흐르는 땀을 닦아주는 시원한 바람, 그리고 마음에 낀 먼지를 말끔히 씻어주는 개울물이 있어서일까?

사람이 만들어 인공으로 조성한 도시의 길은 잠시만 걸어도 지루하고 피곤하다. 목이 메고 눈이 따갑고 힘들다. 산길에서 만나는 사람은 드문드문 반가움과 미소가 있는데, 도시에서 만나는 사람은 의혹의 시선으로 서로를 경계하며 감시하는 무서움이 있다. 도시에는 동행하는 새도 없고, 땀을 식혀주는 시원한 바람도 없고, 마음을 닦아 주는 개울물도 없기 때문이 아닐까.

산길의 자연은 자기 자리를 지키며 침묵으로 확실한 믿음을 주지만, 도시의 사물들은 제자리를 떠나 의심과 불안의 시끄러운 소음을 일으킨다. 도시는 잘못하는 것과 위험의 함정이 많지만 산길은 잘못된 것이 하나도 없는 좋은 것들을 값없이 받게 되는 따스함 그대로다.

높은 빌딩, 높은 아파트의 수직 공간에서는 편리함에 익숙하여 추상적이고 관념적으로 살아가는 인간의 삭막함이 드러나지만, 수평적인 공간에서 서로를 인정하며 땅을 밟는 산길은 지친 삶에 강한 생기가 있는 것을 부인할 사람은 아무도 없을 것이다.

이제 곧 입었던 잎들을 모두 떨쳐내고 나무 본래의 모습들이 서로를 마주보며 서 있게 될 것이다. 벗었지만 서로가 부끄러움이 없는 산길이다. 도시의 거리에는 벗는 자가 없다. 부끄러움 때문이다. 나와 너의 허물이 양심의 창으로 보이기 때문이다.

나무들 본래 모습은 입을 것도 가릴 것도 숨길 것도 없는 벗은 그대로의 모습인 것처럼, 우리네 사람들도 본래의 모습에 숨길 것이나 가릴 것이나 입을 것이 있었을까? 에덴동산을 거닐던 아담과 하와가 우리의 본래 모습이었음을 알게 한다.

잎이 떨어져버린 벌거벗은 나무들은 하늘 높이 가지를 뻗고 추운겨울 긴 시간을 침묵하며 참고 견디면서 봄에 입을 새 옷을 기다린다. 기쁨도, 슬픔도, 아픔도 바람결에 날려 보내는 잔잔한 미소의 경이로움이 따스한 감동으로 굳은 몸을 녹여준다. 개울에 흐르는 물소리는 멍든 내 가슴을 치료해주는 양약으로 다가온다. 오늘도 보배로운 산길에 머물렀으니 이곳이 이 땅에 존재하는 '에덴'인 것을 이제야 깨닫는다.

"산길은 내가 품고 호흡하며 살아가야 할 이 땅의 에덴동산이며,
산길은 이 땅의 삶과 파란 하늘나라를 오르고 내리는 든든한 사닥다리이며,
산길은 내 인생이 무엇이냐는 질문에 쉽고 간결하게 알려주는 선생님이며,
산길은 어떻게 살아야 하는지에 방법을 알려주는 교육장이며,
산길은 참고 견디며 인내하고 기다리는 까닭이 무엇인지 보여주는 얼굴이다."

산길 위에 많은 사람 / 오르고 내리네
살포시 떠가는 구름 좇는 / 나그네길 무거운 짐
닫힌 입술 울고 웃네 / 천년을 이어온 수목들
침묵의 증인으로 서 있네

산길은 말이 없네 / 연초록 잎새의 수줍은 부활
파란 하늘의 순전한 맑음 / 뺨을 스치는 산들바람
지우고 지워지는 망각으로 / 위로의 애잔한 속삭임 되어
따스한 감동을 먹여주네.

독점과 양심

　예나 지금이나 청빈한 삶을 추구하는 극히 일부의 사람을 제외하고는 대부분의 사람들이 가장 원하는 것은 권력과 물질의 부 그리고 명예까지 소유하는 것이라고 한다.

　큰 권력을 갖게 되면 많은 사람이 머리를 숙이고 따르게 되며, 물질을 많이 갖게 되면 최고의 가치를 소유한 떵떵거림으로 많은 사람을 움직이게 할 수 있고, 명예를 높이면 존경의 대상이 되어 자신뿐 아니라 가문에 이름을 남길 수 있기 때문일 것이다.

　모든 사람은 태어나는 순간부터 무덤에 가는 날까지 노력하고 땀 흘리며 때로는 동원할 수 있는 방법을 다해 불철주야로 권력과 돈과 명예를 움켜잡기 위하여 최선을 다하고 있으며 그것이 곧 최고의 행복이라고 생각한다. 그렇다. 사람은 누구든지 행복해야 하며 마땅히 행복해질 권리가 있다. 그러나 행복을 추구함에 있어 가장 큰 문제는 자신의 노력과 땀에 의한 획득이 아니라, 온갖 편법과 부정으로 이루려고 온 힘을 다하는 데 있는 것이다.

어떤 길을 선택하든지 서울만 가면 된다는 것일까? 아무리 목적이 옳다 해도 그 방법이 잘못되었을 때는 그 결과도 옳지 않은 것이 되는 것이다. 수학 문제의 답을 찾는데 그 풀이 과정이 틀리면 답이 옳다 해도 인정해서는 안 되는 것과 같은 것이다. 정답을 족집게로 찍어 내고 외워서라도 일등을 만들어야 한다는 오늘날의 교육 방법이 권력도, 돈도, 명예도 절차야 어떻든 결과를 만들어 내기만 하면 된다는 생각을 갖게 만든 것은 아닌지 생각하게 된다. 지금 이 시간도 헤아릴 수 없는 많은 사람들이 혈연, 학연, 지연을 찾아 출세의 수단으로 읍소하고 아부하며 부정한 방법으로 독점을 키워가고 있지는 않는지 되돌아보아야 한다.

절대왕조 시대는 권력을 손에 쥔 자가 돈과 명예를 한 몸에 지니고 군림하면서 절대다수의 사람들을 끌고 갔지만, 근세 이후에는 모두가 평등하다는 인식이 '권력은 나누어져야 하며 부와 명예를 권력이 독점해서는 안 된다'는 분립의 원칙을 만들어냈다. 권력을 가진 자는 돈과 명예를 내려놓고 절대다수의 지지를 받아 수임받게 되었으며, 부를 쌓기 위해서는 누구나 참여하는 시장에서 자유 경쟁을 통해 소비자의 선택에 따른 공정한 수익을 보장받을 수 있는 개혁이 이루어졌다.

현대 사회의 올바른 균형은 한 사람이 권력을 갖는 대신 다른 사람은 물질의 부를 더 갖고, 또 다른 사람은 명예의 영역에서 권력과 부를 견제하며 높은 존경을 누리게 되는 것이다.

그러나 현실은 올바른 균형을 깨버리고 권력을 가진 자가 물질의 부와 명예까지 독점하려는 절대왕조 시대의 모습을 보이고 있음을 다시 보게 된다. 가진 자와 갖지 못한 자의 구별을 뚜렷하게 만들어 사회의 올바른 균형을 깨버리는 권력자의 파렴치한 횡포가 있는가 하면 돈을 많이 가진 자는 금력의 지배를 통해 권력과 명예까지도 돈으로 살 수 있다는 지극히 오만한 행위가 사회와 국가를 어둡게 만들고 있다. 권력으로 재산을 모은 자가 한 치의 부끄러움이나 가책 없이 또 다른 권력에 도전하여 '청문회'라는 대문을 통과하기 위하여 변명하고 있는 갖가지 모습은 두꺼워진 얼굴에 무디어버린 부패를 정당화시키고 있으며, 돈을 가진 자가 공천의 대가를 지불하고 권력의 자리에서 군림하여 미소 짓고 있는 모습과 명예의 상징인 학위를 돈으로 매수하고서도 인기몰이식 자서전이라는 이름으로 비판의 소리를 조롱하는 낱낱의 사례들. 지식을 팔아 권력을 사는 어용학자, 재능으로 돈을 사는 예술인들, 권력의 표를 모으기 위해 거짓과 위선으로 봉사하는 정치인들, 이들이 우리 사회를 어둡게 만드는 주역인 것이다.

이제 우리 모두는 정신을 바르게 하고 네 탓을 말하기 전에 내 잘못이 무엇인지를 물어봐야 한다. 내 눈에 색안경을 벗어버리고 각자의 눈과 귀를 씻어내야 한다. 안정을 이루며 서로의 인권이 존중받는 나라는 무능한 지도자는 있을지 모르나 치부하여 돈까지 독점하는 정치 지도자는 없었다고 한다.

우리 역사에서 초대 대통령 이승만 박사를 여러 면에서 평가할 수 있겠지만, 그가 옷가지를 챙긴 여행용 가방 3개와 프란체스코 여사의 양산 2개, 그리고 본인이 사용하는 지팡이 1개만 소지하고 망명길에 올랐다는 역사의 기록을 우리는 기억할 필요가 있다.

나라를 지키는 군인이 적과 싸워야 할 생명의 무기를 치부의 목적으로 이용한다면 평화를 지키는 기초는 이미 무너지고 있는 것이다. 돈으로 정치적 지위와 명예까지 거머쥐는 그 손은 자신과 가문을 무너뜨리는 독소를 쥐고 있는 것과 같은 것이다.

이제 우리도 평등의 사회 구조 위에 분립의 원칙을 지켜 존경받고 자랑할 수 있는 정치인, 기업가, 지식인, 각계의 지도자, 그리고 우리 모두가 될 수는 없는 것일까? 권력을 수임받는 공직자는 돈과 명예를 내려놓아야 한다. 부를 쌓은 자는 존경받는 기업인이 어떤 것인지 그 길을 찾아야 하며, 권력과 물질에서 초연하여 우리 사회를 이끌어가는 정신적인 지도자가 되기 위해서는 정직한 삶을 행동으로 보여주는 행함이 있어야 한다.

더불어 사는 나의 존재는 어떤 것일까? 더불어 살기 때문에 권력을 얻게 되었고, 내 공장에서 만든 물건을 누군가 사주기 때문에 돈을 모으며, 누군가 밀어주고 받쳐주고 도와주었기에 나의 존재가 설 수 있게 된 것을 잊지 말아야 한다.

나를 지탱해주는 것은 나만의 노력과 힘만으로는 이루어질 수 없다는 사실을 망각해서는 안 된다.

행정권을 수임받는 자가 입법권도 사법권도 장악하고 싶은 지극히 잘못된 생각의 싹을 잘라야 하며, 수백억 달러 수출탑을 만들고 수만 명을 고용한다는 대기업이 동네 구멍가게까지 상권을 장악하여 하루하루를 겨우 살아가는 나약한 서민들의 생명까지 빼앗는 독점은 더 이상 없어져야 한다.

외나무다리에서는 내가 먼저 허리를 굽혀 길을 만들어주어야 너와 내가 함께 건널 수 있다는 것을 깨닫지 못하고, 힘으로 상대를 빠뜨리고 혼자만 남게 되는 것을 승리라고 자축한들 무슨 의미가 있는지, 생각해야 한다.

권력도, 물질도, 명예도 함께 살아가고 있는 사람들이 인정하고 높여주기 때문에 존재하는 것이라면, 자기가 갖고 있는 힘과 돈과 명예를 합법(合法)의 차원을 넘어 양심과 도덕의 차원에서 조심스럽게 사용하며 살아야 하지 않을까? 가진 자가 명품으로 치장하고 수백만 원짜리 음식을 먹고, 값비싼 술을 마시면서 합법을 내세워 정당화한다면 누군들 무어라 꾸짖을 수는 없겠지만, 우리에게는 양심이 있는 것이다. 양심이 용납하지 않는 것은 죄이며, 그 죄는 보이지 않는 손에 따라 엄한 징벌을 받게 되는 것이다. 어느 노숙인이 한 끼 먹을 것이 없어 추위에 동사했다는 소식과 어느 구멍가게 주인이 생활고로 자살했다는 비보에 귀를 기울이는 양심의 질책을 들어야 한다. 합법성을 내세우는 양심은 횡포며 방종이며 우리 모두를 슬프게 하는 것이다.

가진 자의 오만과 남용은 수많은 갖지 못한 자들의 분노에 불을 지피게 만든다. 아프리카와 중동 지역에서 가진 자들의 교만과 그들이 맞게 된 최후의 비극, 그로 인한 수많은 서민들의 죽음과 피흘림의 고통을 연일 뉴스를 통해 알게 된다.

이제 우리 모두는 나를 위해, 이웃을 위해, 진정한 정의와 행복을 위해 해야 할 것과 하지 말아야 할 것 그리고 독점과 양심이 무엇인지를 겸허한 마음으로 물어 보아야 한다.

그림자

　심리학에서 "공격자와의 동일시(同一視)"라는 말이 있는데, 그 의미는 미운 사람을 닮는다는 뜻이라고 한다. 그러나 보다 정확히 말한다면 미운 사람을 닮기보다 '내가 바로 그 미운 사람'이라는 의미가 더 강하다고 한다. 내가 미워하는 사람 속에 나의 분신, 나의 그림자가 들어 있기 때문일 것이다. 미운 사람이 곧 나의 일부인 것이다.

　그러나 사람들은 한결같이 자기에게는 그런 나쁜 것이 없고, 오직 상대만이 나쁜 점을 가졌으므로 그것을 상대가 고쳐야 한다고 얘기한다. 흔히 듣게 되고, 보게 되는 '변화'와 '개혁'은 모두 훌륭한 뜻이 담긴 것으로 누구나 그 당위성을 쉽게 말하고 있지만, 누가 누구를 변화시키고 개혁해야 하는지, 진정한 개혁과 변화의 주체가 누가 되어야 하는지에 대한 질문에 대해서는 두꺼운 얼굴로 나만은 예외가 되어야 한다고 자신의 목소리를 높이고 있지 않는가.

예수님의 말씀 중에는 이런 내용이 있다. 하루는 예수님께서 길을 가시는데 사람들이 간음한 여인을 끌고 와서 간음한 사람을 돌로 쳐 죽이도록 하는 율법에 따라 그 여인을 돌로 쳐 죽여야 하느냐고 물었다. 그러자 예수님께서는 그들에게 "너희들 중에 죄 없는 자가 이 여인을 먼저 돌로 치라"고 말씀하셨고, 이 말을 들은 사람들 중에는 아무도 돌을 드는 자가 없었다. 그리고 얼마 후에는 모두 그 자리를 떠나 간음한 여인과 예수님만 남았다.

"죄 없는 자가 먼저 돌로 치라"는 예수님의 말씀에 고개를 떨구고 돌을 내려놓았던 당시 유대인들은 그나마 자신의 죄를 알고, 부끄러움을 느꼈던 사람들이 아니었을까. 이런 상황이 현대 오늘날 이 자리에서 있었다면, 모두가 돌을 내려놓고 돌아갔을까? 간음한 여인보다 훨씬 죄 많은 자들이 서슴없이 그 여인을 단죄하지는 않았을까 하는 두려운 생각을 갖게 된다.

빛을 받으면 반드시 그 뒤에는 그림자가 생긴다. 이처럼 우리의 의식이 한쪽으로만 조명되고, 한편만을 강조하게 되면 바로 그 뒤에는 어두운 그림자가 생기기 마련이다. 선이 일방적으로 강조되는 뒷면에는 악의 그림자가 생기고, 정의가 지나치게 강조되면 부정의 씨앗이 선한 의지 뒤에서 독버섯처럼 자란다. 그리고 언젠가는 자신도 모르게 남의 잘못을 고쳐주려는 생각으로 인해 정작 자신의 그림자는 보지 못하게 되는 경우를 쉽게 볼 수 있게 된다.

그래서 많은 사람들이 그림자를 벗어버려야 한다고 외치고 있다. 그러나 365일 맑은 하늘만 볼 수는 없는 것처럼, 우리가 사는 세상 또한 언제나 밝음만을 볼 수는 없을 뿐 아니라 기대할 수도 없다. 분명 그림자는 나의 일부이며, 우리가 살아 있는 동안에는 떼어버릴 수 없이 꼭 붙어 있는 나의 분신으로 존재하고 있는 것이다. 빛의 밝음을 받아 실존의 형체가 존재하는 동안 그림자는 함께 동행하기 때문에 자연에 순응하며 살았던 원시인들은 자신의 그림자를 매우 소중히 여기고 보살폈는지도 모른다.

이처럼 뗄 수도, 지워버릴 수도 없는 것이 그림자인데 사람들은 어두움의 그림자만 없애버리게 되면 이 세상은 자연스럽게 윤리적으로나 도덕적으로 밝고 완전해질 것이라고 믿고 있다. 그러나 분명한 것은 밝은 해 아래서 그림자는 아무리 없애려 해도 사라지지 않는다는 것이다. 본인의 뜻과 상관없이 걸머지게 되는 그림자, 그 존재 자체를 우리의 분신으로 끌어안을 때 그림자는 추한 모습에서 새로운 모습으로 바뀌게 된다는 사실을 수용해야 한다.

악한 그림자, 부정한 그림자, 그것들이 지금 어느 집단, 어느 자리에 있는가? 이제 우리는 외면하고 한사코 부인했던 그 그림자를 찾아나서야 한다. 왜냐하면 그 그림자는 나 자신이기 때문이다.

우리는 관계라는 헤아릴 수 없는 그림자로 살아왔고, 앞으로도 살아가야 한다. 떼려야 뗄 수 없는 가족, 친척, 혈육, 집안, 형제, 자매, 그뿐인가 친구들과 직장 동료 등 수많은 지인의 그림자는 나의 뜻과는 상관없이 언제나 나와 함께했고, 함께할 수밖에 없는 필연의 존재인 것이다.

그동안 나를 괴롭혔던 그림자, 나를 화나게 한 미운 사람들의 외형을 벗겨보면 정작 나를 괴롭히고 화나게 한 미운 실체가 바로 나였음을 깨닫게 된다. 그도, 나도 한 존재의 그림자인 것을 모르고 수없이 누워 침을 뱉었던 것이다.

오늘도 신문지상에, TV 뉴스에 어두움의 그림자로 비난과 질책을 받고 있는 수많은 사람들이 우리 모두를 아프게 한다. 그러나 이들에 대한 질책과 비난이 곧 나에 대한 질책인 것임을 받아들여야 한다 이제는 저들도 나와 함께 살아가는 나의 실체인 그림자로 끌어안고 힘이 되어 주어야 한다. 역지사지(易地思之)라는 말이 있듯이 저들의 환경과 여건 속에 내가 들어가 생각하고 이해해보려는 모습을 우리에게서는 결코 찾아볼 수 없는 것일까? 그것은 성자만이 할 수 있는 영역이므로 평범한 우리에게는 해당되지 않는 사치스러운 것이라고 포기할 것인가, 분명한 대답은 그럴 수 없다는 것이다. 언제나 나의 뒤편에서 나와 동행하고 있는 그림자는 나 자신이기 때문이다.

참 이웃

오늘날 정직한 이웃을 찾기란 매우 어려운 일이 되었다. 나보다 권력이나 금력이 많은 자를 대할 때는 비굴한 굴종과 아첨의 태도를 갖지만, 반대로 금력이나 권력이 약한 자를 대할 때는 깔보고 경멸하는 경향이 더 심해지고 있어 사람을 사람 그대로 대하는 경우가 거의 없게 되었다.

모든 인간들이 각자의 인격을 있는 그대로 인정하게 된다면, 상대의 가치를 따져볼 필요가 없을 뿐 아니라 다른 사람과 비교할 필요도 없을 것인데 하는 아쉬움이 있다.

요즘 정신치료학에서 '감정이입(Empathy)'이라는 말을 많이 사용한다. 단순한 동정이 아니라 내가 그 사람 속에 들어가서 그와 함께 인생을 느끼는 태도를 의미한다. 바로 상대방의 처지와 입장을 내가 처한 상황으로 이해하고 생각하는 것이다.

우리의 참 이웃은 누구일까? 그것은 우리와 가까이 있으면서 도움을 필요로 하고 있는 바로 그 사람들이 우리의 이웃이 아닐까 생각한다.

제자들이 예수님께 물었다. "누가 내 이웃입니까?" 이 질문에 예수님께서는 길에서 강도 만난 사람 이야기를 통해서 우리의 참 이웃이 누구인지를 가르쳐주셨다.

매년 크리스마스와 연말연시가 다가오면 높으신 분들은 경쟁이라도 하듯 고아원, 양로원 등 불우 시설을 방문하여 위문품이나 금일봉을 들고 사진을 찍는다. 그리고 그 모습이 연일 언론에 보도된다. 그것은 전시효과를 노리는 정치적인 시혜(施惠)는 될 수 있을지 모르나, 어려운 이웃을 향한 따스한 마음은 될 수 없을 것이라고 생각한다.

인도주의자 톨스토이가 말년에 자신의 모든 재산을 정리하여 모스크바 큰 길거리에 나가 구걸하고 있는 거지들에게 나누어 주었으나, 따뜻한 마음을 얻지 못하고 오히려 비난을 받았다는 이야기가 주는 교훈을 우리가 찾아내야 한다.

몇 해 전 서해안 앞바다에서 유조선이 침몰하여 깨끗했던 바다가 기름 바다가 되어 물고기들이 떼죽음을 당하고, 어부들은 삶의 터전을 잃게 되었으며, 생태계마저 파괴되는 참담했던 시기에 이를 도우려는 손길들이 전국 각지에서 구름떼처럼 서해안으로 몰려들었던 그 감동을 결코 잊을 수 없다. 이 같은 따뜻한 모습은 우리 민족에게는 참 이웃을 향한 순결한 사랑의 불씨가 소중하게 간직

되어 있음을 보여준 것이라 생각된다.

계절마다 겪게 되는 태풍과 홍수가 특정 지역에 피해를 줄 때마다 피해를 입지 않은 인근 지역 사람들이 자원하여 달려가 돕는 구슬땀은 돈이나 어떤 힘으로 보여주는 시혜와는 다른 매우 값진 참 이웃에 대한 감정이입이 아닐까 생각된다.

크리스마스가 다가오는 12월이 되면 어린 시절 많이 듣고 읽었던 '찰스 디킨즈'의《크리스마스 캐럴》에 나오는 '스크루지 영감' 이야기가 생각난다. 돈만 알던 수전노 스크루지가 자기와 동업하다 죽은 말레이의 망령에 이끌려 자신이 살아온 삶을 돌아보게 되고, 또 자신이 장차 죽은 후 어떻게 될 것을 확인할 수 있었던 꿈에서 깨어나 새롭게 변화되어 지금까지와는 정반대로 참 이웃의 할아버지가 된다는 이야기는 많은 세월이 지났지만 지금까지 진한 감동으로 남아있다.

성경은 우리에게 참 이웃이 되라고 말씀하고 있다. 지금 우리는 잘 살고 있다. 진짜 우리는 부자가 되었다. 그러나 고개를 돌리면 우리 주변에는 아직도 가난한 사람, 힘들고 어렵게 살아가는 많은 이웃이 있다. 그러나 어려운 이웃을 돕고 있는 손길은 많은 것을 가진 부요한 사람보다는 가난한 처지에 있는 사람들 중에 따뜻한 분들이 더 많다는 것이다.

우리는 이웃의 배고픔과 아픔을 외면할 수도 없으며, 외면해서도 안 된다. 왜냐하면 이런 이웃들이 사는 곳이 곧 내가 사는 곳이기 때문이다. 우리가 이웃의 고통과 아픔을 강 건너 불로만 바라보게 되면 그 아픔과 불행은 열병처럼 급속히 번져서 곧 나에게 돌아온다는 사실을 꼭 알아야 한다.

　국민소득 3만 달러 시대가 성큼 다가왔다고 모두가 축제의 설렘에 들떠 있다. 소득이 높고 생활수준이 나아진다 하여 삶의 질이 향상되는 것일까? 그렇지 않다. 1960~1970년대에는 가난하게 살았지만 담장 넘어 이웃과 내가 사는 동네를 뛰어넘어 옆 동네 사람들의 웃음과 울음을 함께했고, 이웃의 아픔이 곧 나의 아픔이었으며, 이웃의 기쁨이 곧 나의 기쁨이 되어 서로의 삶을 공유했던 것이다. 건네줄 돈은 없었지만 진정어린 따뜻한 마음이 서로의 아픔을 감싸는 치유의 위로가 되어 이웃으로 인해 위로받고 마냥 행복했다.

　그러나 지금은 어떠한가? 10년, 20년을 이웃으로 살면서 마주치면 눈인사도 나누지 않는다. 자주 대하는 사람도 만나면 왠지 어색하다. 엘리베이터 내에서 자주 뵈었던 분이 한참을 보이지 않아 안부를 물었더니 수 일 전 교통사고로 돌아가셨다고 한다. 슬픔을 함께 나누지 못한 죄스러움이 남는다. 길거리에 쓰러진 행려병자의 외침을 외면하는 것이 오늘 우리의 현실이 아닌가.

　모든 사람은 예외 없이 깨끗하고 정직한 양심을 소유하고 있다고 한다. 그럼에도 불구하고 도와달라는 시급한 소리를 듣지 못하고 있는 것은 어떤 연유일까? 나와 내 가족만으로 가득 채워진 이기(利己)의 양심이 이웃을 잃어버리게 했기 때문이다. 나의 어두워진 양심으로 인해 듣지도, 보지도 못하는 것이다.

이제는 마음의 넉넉함으로 주위를 살피고 인사하며 관심 있게 살아야 할 책임이 우리에게 있다. 정녕 내가 살아나는 방법은 내 이웃과 함께 살아가는 것이다.

이제 우리들의 양심에 끼어 있는 이기의 찌든 때를 벗겨내고 이웃의 소리를 들을 수 있는 정직한 양심을 회복해야 한다. 이웃의 소리를 듣고 행동하는 양심의 회복 없이는 살아있어 숨은 쉬고 있으나 실상은 죽은 것과 크게 다르지 않기 때문이다.

이제 우리의 참 이웃을 품고 마음을 열어 두 손을 높이 들고 이웃을 위한 축복의 기도를 올려드리자.

미국여행

2012년 6월과 7월은 그동안 나를 얽매고 있던 모든 관계의 질긴 끈들을 풀어놓고 자유함과 여유로움을 체험할 수 있었던 여행 기간이었다.

7월 10일에는 필라델피아 한인연합교회 김재성 담임목사님과 함께 미국 동부 코네티컷과 메사추세츠에 있는 조너던 에드워드 목사님이 목회하셨던 현장과 디엘 무디 신학교를 찾아 미국 청교도 부흥 현장에 남겨진 흔적들을 찾아보게 되었다.

오후 1시경 도착한 '퍼스트처치(First church)'는 에드워드 목사님의 증조부가 1636년 18세의 젊은 나이에 대서양을 건너와 코네티컷 하트포드(conneticut Hartford)에 정착하여 1694년에 세운 교회로 할아버지의 뒤를 이어 에드워드 목사님이 1750년까지 시무하셨다는 약 700석 규모의 독일 양식으로 세워진 아름다운 교회였다.

당시 미국 사회는 청교도들이 정착하면서 곳곳에 교회를 세웠고, 하나님 말씀 속에 삶의 터전을 일구었으나 이 같은 청교도 정신이 오래 가지 못하여 고귀했던 조상의 신앙이 단절되고, 젊은이들은 마약과 술과 성적 타락으로 밤이 되면 광란의 도시로 변해버린 참담함이었다. 그러나 에드워드 목사님은 병들어가는 사회를 치유하기 위해 변혁을 부르짖고 사회 대각성 운동에 몸을 던지셨다. 그리고 그 헌신으로 마침내 노스햄턴 지역이 변화되기 시작하여 미국 동부 전 지역을 각성시켰던 발원의 현장이었다.

그러나 감동과 감격은 잠시뿐, 곧 이어 듣게 된 소식은 1850년경에는 장년만 1,300여명이 예배드렸던 교회가 지금은 출석 교인이 몇 명에 지나지 않아 목회자를 모시지 못하고 주일에는 먼 거리에 있는 몇몇 교회에서 20여명의 노인들이 찾아와 예배를 드리고 있다는 안내자의 말이었다.

목숨을 담보로 신대륙을 찾아 종교개혁과 청교도 신앙에 확고한 믿음으로 대각성의 불씨를 놓았던 교회가 이제는 예배드리는 자가 없어 교회 문을 닫아야 하는 현실이 마치 쇠퇴해가는 오늘의 미국을 보는 것 같은 안타까움이었다.

우리를 안내하셨던 목사님 말씀에 따르면 미국에 있는 대부분의 교단들이 어려워진 재정 문제로 이민 한인들이 세운 교회에 재정 부담을 늘려달라고 요청하고 있는 것이 오늘의 현실이며, 필라델피아 지역에서도 매년 수많은 교회 건물이 상업 용도로 팔리고 있다는 것이었다.

　그러나 이같은 암담한 상황과는 대조를 이루어 나를 매우 혼란스럽게 했던 것이 필라델피아 랭카스터(Lancaster)지역에 있는 아미쉬(Amish) 마을 근처에 위치한 사이트앤드사운드(Sight&Sound) 극장을 찾았을 때였다. 이 극장은 성경 속의 인물들을 뮤지컬로 공연하는 곳으로 내가 찾았을 때에는 요셉(Joseph)을 공연하고 있었는데 평일 오후 1시 공연이었음에도 일만 좌석을 가득 메운 관중들과 말, 낙타, 염소 떼들이 자유롭게 활보할 수 있는 운동장 같은 무대에서 공중을 자유롭게 날아다니는 천사들, 애굽의 궁궐이 그대로 옮겨진 듯한 웅장함과 화려함으로 꾸며진 무대는 벅찬 감동을 갖기에 충분했다. 그러나 한편으로는, 인격체로 실존하시는 하나님을 마음과 뜻을 다해 예배드려야 할 기독교가 예술품의 하나로 각색되어 화려함과 웅장함의 시각으로 보여주고 즐기게 만들어가고 있는 모습을 보는 것 같은 안타까움도 있었다.

　오늘의 미국은 세계를 테러 공포로 몰아넣었던 9·11 테러 현장 인근에 이슬람 사원인 모스크 건립이 허용되었고, 이슬람권의 라마단을 축하하는 만찬이 백악관 만찬으로 공식화되었으며, 동물도 하지 않는 동성 간의 결혼까지 법적으로 허용되고 있는 형국이 되었다.

　6·25 전쟁이 발발하였을때 유엔이 없었고, 유엔군이 참전하지 않았다면 우리나라는 어떻게 되었을까? 당시 유엔을 움직일 수 있

는 실세는 미국이었고, 전쟁에 참전하였던 유엔군의 주축은 미군이었지 않는가. 그동안 우리나라와 미국의 관계는 스페인과의 전쟁 후 미국이 필리핀을 점유하고 일본의 한국 강점을 상쇄시킨 묵인을 제외한다면 그만큼 좋게 사귀어왔던 관계가 아닌가.

한말에 미국에서 들어온 기독교는 문명개화에 크게 기여했고, 일제 36년을 통하여 미국은 우리 독립투사들의 안전한 망명처가 되었을 뿐 아니라, 국내의 미션계 학교는 독립운동가들이 의지할 수 있는 영역이 되었다. 일제 36년의 압제에서 우리나라가 해방된 것은 미국이 연합군에 가담함으로써 얻게 되었고, 해방 직후에는 각종 원조와 6 · 25 전후 복구 지원, 그리고 전쟁고아들에 대한 먹을 것, 입을 것, 학비까지 지원해주었던 그 고마움을 우리는 결코 잊어서는 안 될 것이다.

게다가 우리의 힘만으로는 중국과 러시아를 업고 있는 북한의 군사적 위협을 미국의 도움과 지원 없이 막아낼 수 없다는 현실적인 상황을 감안할 때, 미국은 우리나라의 가장 가까운 맹방이며 마땅히 가까이 해야 할 나라이기 때문에 미국은 우리 국민이 가장 친하게 지내야 할 우방이 되어야 한다는 생각을 갖게 된다.

2008년 말 점화된 리먼브라더스 사건은 미국은 물론 세계 경제를 어둠의 늪으로 내몰았고 탈출을 위한 세계 각국의 몸부림이 날로 더해가지만 아직까지 밝은 조짐은 쉽게 찾아오지 않고 있다.

1987년 풀 케네디 예일대 석좌교수가 쓴 『강대국의 흥망』이라는 책이 한동안 베스트셀러가 되었고, 일본에서는 『앞으로 5년, 중국이 세계를 제패한다』는 책이 국제 부문에서 베스트셀러가 되었다. 두 책의 공통점은 두 번에 걸친 세계대전으로 폐허가 된 나라들이 미국이 지원한 돈과 기술로 공장과 도시를 세웠으며, 소련 등 공산주의를 표방하는 국가에까지 자유무역과 시장경제의 틀을 세워가도록 영향력을 행사했을 뿐 아니라, 압도적인 군사력을 바탕으로 세계 각국의 인권과 안전을 약속했던 미국이 이제는 쇠락하여 다극 체제로 바뀌면서 중국이 부상한다는 내용을 담고 있다. 과연 석학들의 예견대로 미국은 몰락하는 것일까? 그렇다면 그 대안은 명실 공히 공산주의를 표방하고 있는 중국이 될 것인가?

몇 년 전 몇몇 분들과 함께 중국 동북지역에 있는 심양 서탑교회와 동관교회, 한인교회, 단둥에 있는 철도교회, 연길에 있는 연길교회, 연변교회, 그리고 존 로스 선교사가 최초로 시작했다는 한글성경 번역 장소와 우리나라에 성경이 유입된 압록강 유역을 둘러볼 수 있었다.

중국 내 기독교에 대한 깊은 속내를 알 수는 없었지만, 놀라운 것은 수많은 사람들이 두세 시간씩 계속되는 예배에 몰입하여 몸과 마음을 다하는 모습을 볼 수 있었다는 것이다. 무더운 여름의 열악한 환경에서도 수많은 사람들이 모이는 새벽 기도의 열기를 보면서 어린 날 마룻바닥에 엎드려 울부짖던 부모님의 새벽 제단을 떠올리게 된 감동을 받았다.

예배드려야 할 주일이 가족과 함께 즐기며 휴식하는 날로 바뀌어가는 미국. 교회는 지나가는 관광객이 둘러보는 박물관이 아니면 상업 건물로 용도가 바뀌어가고 있는 현실이 미국의 쇠락과는 어떤 관계가 있는 것일까? 분명한 것은 아무리 크고 위대한 것들도 하나님의 손길이 떠나게 되면 망하게 되고, 그 결과는 비참하게 된다는 것이다.

6 · 25 전란을 목숨 바쳐 종식시켜 준 미국, 전쟁의 아픔을 치유하고 하나님 섬기는 나라로 다시 일어나게 도와 준 미국, 오늘의 경제 성장이 되기까지 울타리가 되어준 미국을 위해 우리가 할 수 있는 것은 무엇일까?

깨어 기도하라는 예수님의 말씀을 가슴에 품고, 세계 질서를 지탱하게 하시는 하나님의 거룩하신 손길이 미국을 깨우치고 다시 변혁시켜 굳건한 국가로 세워주시길 간절히 기도드린다.

마무리

앙드레 고르는 프랑스 태생으로 사르트르로부터 "세계에서 가장 날카로운 지성인"이라는 평을 받았고, 일생을 자본주의와 사회주의, 생태주의를 심층 분석하여 사람들에게 많은 가르침을 남긴 철학자였으며, 언론인이었다.

그가 지적 활동을 활발하게 하고 있던 때 그의 아내 도린이 척추 수술로 깊은 병에 걸리자, 그는 모든 외부 활동을 내려놓고 파리 교외의 보농이라는 한적한 시골 마을에서 아내와 투병 생활을 함께하다가 동반 자살로 생을 마감했다. 당시 앙드레 고르는 83세, 그의 아내 도린은 82세였다. 그는 아내와 나란히 침상에 누운 채 유서 한 통을 남겼는데, 그의 유서에는 자신들을 화장하여 20년 동안 아내와 함께 기쁨을 누리며 살았던 정원에 묻어달라는 내용이었다. 그가 동반 자살을 택하기 1년 전에는 사랑하는 아내 도린에게 쓴 'D에게 보내는 편지'를 남겼다.

"당신은 곧 여든 두 살이 됩니다. 키는 예전보다 6센티미터 줄었고, 몸무게는 45킬로그램입니다. 그래도 당신은 여전히 탐스럽고, 우아하고, 아름답습니다. 함께 살아온 지 쉰여덟 해가 되었지만 그 어느 때보다도 나는 당신을 사랑합니다."

한 평생을 아내와의 사랑과 신뢰와 감사 그리고 서로를 위해 마지막까지 헌신을 다했던 그였기에 그의 마지막 가는 길이 인간으로서 어쩔 수 없이 선택할 수밖에 없었던 최선의 방법이었을까 하는 애잔한 마음을 갖게 한다.

2013년 초 미카엘 하네케 감독이 제작한 〈아무르〉라는 영화를 보았다. 우아함과 고풍스러운 삶으로 많은 사람들로부터 부러움이 되었던 노부부의 이야기였는데, 어느 날 자존심 강한 아내가 병마에 휘둘리면서 그들의 삶이 서서히 망가져서 이제는 인간이라고 할 수 없는 최악의 상태까지 내몰린 모습을 그려냈다. 늙은 아내를 지켜본 남편이 "오늘 밤 당신 참 예쁘다고 내가 말했던가?"라는 말을 남기면서 아내의 얼굴을 베개로 짓눌러 아내의 목숨을 끊는 참담함을 보여주었다. 망가져가는 인간의 모습 속에서 찾아오는 외로움과 고통스러움으로 희미해지는 감정을 감당하기에 무척 힘든 시간을 끔찍한 장면으로 묘사하고 있었다.

죽음은 누구의 소유인가? 부부란 무엇인가? 찾아오는 외로움의 고통이 사랑했던 사람을 짓눌러 숨을 막는 지경까지 내모는 비정함을 보여 줄 수밖에 없었을까?

2013년 11월 27일, 프랑스인 동갑내기 부부가 60년 전 신혼의 꿈을 키웠던 호텔에서 동반 자살하면서 법이 평화로운 죽음을 막고 있다는 유서를 남겼다는 뉴스를 접했다.

86세 동갑내기 프랑스인 노부부 베르나르와 조르제트 카제가 파리 시내에 있는 유서 깊은 호텔 뤼테티아에 투숙했는데, 이튿날 아침 식사를 준비해온 종업원이 방문을 두드렸으나 아무 반응이 없어 열쇠로 문을 열고 들어가 보니 부부가 얼굴에 비닐봉지를 쓴 채 서로의 손을 꼭 붙잡고 침대에 누운 채 숨져 있는 것을 발견했다고 한다.

뤼테티아 호텔은 60여 년 전 결혼한 그들 부부가 즐겨 찾았던 곳이며, 아내 조르제트가 2차 세계대전 중 나치 강제수용소에 끌려갔던 아버지와 5년 만에 재회했던 그들만의 고귀한 추억을 간직한 장소였다고 한다.

남편 베르나르는 경제학자이며 철학자로 국가계획위원회 위원장을 지낸 석학이었고, 아내 조르제트도 작가 겸 고전문학 교사로 활동했던 인물로, 이들 부부는 평생 연인이면서 지적 동반자였다고 한다.

노부부 곁에는 두 통의 편지가 놓여 있었는데, 한 통은 가족에게 남긴 애틋한 내용이었고, 다른 한 통은 수신자가 파리 검찰청장이었다는 것이다. 이 편지는 "법이 평화로운 죽음을 맞을 기회를 가로막고 있다"며 "평화롭게 삶을 마감하고 싶은 사람이 이런 끔찍한 방법으로 자살할 수밖에 없도록 하는 권리를 누가 갖고 있는가"라는 내용이었다고 한다.

이들의 동반 자살은 말기 환자와 노인들이 늘고 있는 프랑스에서 안락사의 뜨거운 논쟁을 불러일으켰다고 한다. 지금 프랑스는 2005년부터 안락사는 금지하되, 말기 환자에 한해 본인의 동의가 있는 경우 치료 행위를 중단해 삶을 단축하게 하는 것을 허용하고 있는데, 이러한 제한 때문에 안락사가 합법화되어 있는 스위스로 건너가는 말기 환자와 노인들이 늘고 있다고 한다.

우리의 현실은 어떠한가? 법으로 막고 있는 안락사에 대한 찬반 논쟁이 뜨겁다. 인간이 만들어내는 과학과 기술로 이미 이 세상 사람이 아닌 식물인간을 인간의 존엄을 끝까지 지켜야 한다는 미명아래 식물인간 상태를 계속 지켜나가는 것이 옳은 것인지, 지켜보며 당하고 있는 가족, 그리고 남편과 아내, 그보다도 식물인간 본인의 바람과 뜻을 외면하고 있지는 않는지, 시급하게 논의되어 합리적인 방안을 마련해야 하지 않을까, 생각한다.

급속히 심화되어가는 고령화 사회 속에서 사람은 누구나 최후를 아름답게 마무리하도록 법과 윤리가 보장해줄 책임이 있다고 생각한다. 본인의 뜻과는 상관없이 중환자실에 누워 차가운 의료 장비와 약품의 인위적인 방법으로 고문을 받아야하는 죽음이 과연 온당한 것일까?

아름다운 죽음은 어떤 것이며, 인간의 존엄성을 지켜줄 수 있는 올바른 방법은 무엇이어야 하는지, 올바른 해답을 기대한다.

5

실패와 걱정

첫 단추

하나의 제도가 남기게 되는 유습이 백년 간다는 역사학자의 증언이 있다. 잘한 일이든, 잘못한 일이든, 사람이 관계된 일이 하루 아침에 깨끗하고 바르게 되는 것을 기대할 수 없다는 말일 것이다. 백년하청(百年河淸)이라는 옛말도 그냥 버려두면 백년이 가도 흐려진 강물은 맑아지지 않는다는 뜻이니 맑게 하는 일이 그만큼 쉽게 되지 않는다는 가르침일 것이다.

요즘 젊은 자녀의 부모들과 학교 교육은 긴 여정을 달려가야 할 젊은이들에게 마치 대학 4년이 인생의 전부인 양 세뇌시키고 있다. 이것은 지극히 부정적인 것을 위해 모든 에너지를 분출시키고 있는 과오를 범하고 있는 것이다.

독일의 시인 괴테는 "첫 단추를 잘못 끼우면, 마지막 단추는 낄 구멍이 없어진다"고 했다. 단추 하나 끼우는 데도 지켜야 할 과정과 순서가 있기 때문에 그 원칙을 잘 지켜야 한다는 것이다. 사람이 어린 날부터 첫 단추를 바르게 끼우지 않으면 출발이 잘못되어 결과는 실패하게 된다는 것을 말하고 있다.

우리가 살아가는 오늘의 사회는 너 나 할 것 없이 지식을 포장해주는 대학 간판을 어떤 이름으로 위장하느냐에 전력을 다하고 있다. 그러나 어느 대학 간판을 갖는 것보다 더 중요한 것은 인생을 어떻게 살아갈 것인가 하는 마음의 자세를 세워주는 것이 무엇보다 소중한 것임을 알아야 한다.

흔히 인생을 마라톤에 비유하고 있다. 100세를 향해 달려가야 하는 긴 경주에서 승리하기 위해서는 무엇보다 끝까지 달려가겠다는 결심과 끈기가 있어야 하며, 인생을 긍정적으로 살 것인가, 부정적으로 살 것인가, 적극적인지 소극적인지의 여부가 성패를 결정짓게 되는 것이다.

지나고 보니 학창시절 학교에서 시험을 잘 치르고 좋은 성적을 올리는 재주는 제한된 공간에서 짧은 기간에 이루어지는 지극히 단편적인 결과라는 것을 깨닫게 된다. 졸업 후 사회에 진출하여 일을 하며, 사업을 하는 데는 지능지수나 두뇌의 회전보다 더 소중한 것이 관계의 덕을 쌓는 것이다. 아무리 머리가 좋고, 이름 있는 대학 간판을 갖고 있어도 관계 속에서 덕을 잃게 되면 그 사람이 설 땅은 제한되어 결국은 실패자가 된다는 것이다. 성실과 근면으로 최선을 다하는 사람은 언제, 어디서나 인정받게 되는 것이다.

공자는 "덕은 외롭지 않고, 반드시 따뜻한 이웃이 있다"고 했다. 뛰어난 머리로 사람을 이용하는 재주를 가진 자는 결국 지능범이 되어 사회의 악이 되는 사례를 그동안 너무 자주 보아왔지 않은가.

기업들이 사람을 구할 때 종종 사용하는 말 가운데 "사람은 많은데, 인재는 드물다"고 한다. 그 자리에 없어서는 안 될 사람, 무슨 일을 맡겨도 강한 책임감과 성실함으로 그 일을 감당할 수 있는 사람을 찾고 있기 때문이다. 나의 재능과 능력을 알아주지 않는다고 불평하지 말고, 자신의 책임감이 부족하고 성실하지 못함을 부끄럽게 생각해야 한다.

인생의 첫 단추를 끼우고 있는 젊은이들에게는 그들이 향하는 목표에 땀 흘리는 목적이 있어야 한다. 정치가가 되려는 목적, 경제·행정·교육·과학·체육 등 모든 분야에서 자신이 추구하는 목적이 분명할 때 달려갈 에너지가 분출하게 되는 것이다. 그러나 그 목적이 나만 잘 먹고, 잘 사는 것에 두고 있다면 그것은 모래 위에 짓는 집과 같이 바람이 불면 쉽게 무너지는 실패자가 되고 말 것이다. 이웃과 사회를 위한 헌신과 봉사의 목표는 아름답다 못해 빛이 되어 어두움을 밝히기 때문이다.

참교육은 젊은이들을 숙련된 과학자, 머리 좋다는 관료나 법관, 또는 돈 잘 버는 사업가나 의사로 만드는 것이 아니다. 아름다운 모습으로 다듬어져 가야 할 이 땅의 젊은 생명들이 이미 굳어버린 기성의 사고와 틀을 가지고 시들게 만드는 교육을 참교육이라고 착각하고 있지 않는지, 생각해 보아야 한다.

기성세대가 해야 할 일은 자칫 쉽게 무너질 수밖에 없는 매우 허약한 오늘의 사회 현상을 젊은이들이 스스로 보고 깨달을 수 있도록 도와주고 격려하는 한편, 서로의 존재를 인정할 줄 아는 정직한 사회구조 속에서 마음껏 탐구하고 세워갈 수 있는 토양을 만드는 데 힘이 되어야 한다.

"대학의 접수창구는 무질서, 혼잡, 눈치, 편법 등 모든 방법이 스스럼없이 동원되고, 대학 선택은 도박장의 투기처럼 찍어야 하며, 반복되는 정책의 표류와 방황이 이 나라 교육의 현주소다."라는 말은 우리 교육 현실에 대한 정확한 지적이라 생각된다.

나치 강제 수용소에서 감독관으로 일했던 하임 지노트는 이런 자성의 글을 역사에 남겼다.

"나는 인간으로서 못 볼 것을 보고 말았다. 숙련된 기술자들에 의해 가스실이 만들어졌고, 아이들은 고등교육을 받은 과학자들에 의해 죽어갔다. 유아들은 훈련된 간호사에 의해 살해되었고, 여자들과 어린아이들은 대학 졸업반 학생들에 의해 총살되었다. 그래서 나는 교육을 의심하고 있다. 나의 간절한 바람은 여러분의 학생들을 인간으로 교육시켜 달라는 것이다. 여러분의 노력이 숙달된 괴물이나, 숙련된 정신병자, 그리고 교육받는 아이히만을 길러내서는 안 된다. 글을 읽고 쓰는 일, 역사나 수학 등 모든 학문이 우리 학생들을 정직한 인간으로 만드는 데에 도움이 되어야 비로소 커다란 의미를 가지게 될 것이다."

그렇다. 우리는 모두 인간이다. 배우는 것도 가르치는 것도 참 인간을 만들어가는 목표가 있어야 한다. 내 생명과 같은 내 자식들을 어떻게 교육하며 양육할지, 깊은 고뇌와 성찰과 결단이 필요한 시기에 우리는 서 있다.

1983년 1월초 한 언론에 실렸던 이영섭 대법원장의 인터뷰 기사가 있다. "법관 생활 30년은 가난하고 고독한 나날이 전부였다."는 담담했던 그분의 기사는 매우 충격적인 것이었다.

법관으로서는 최고의 명예로운 대법원장까지 지낸 분이 "다시 태어난다면 법관을 택하지 않겠다.", "법관은 중간 성적 정도의 정상인이면 누구나 해낼 수 있다.", "우수한 머리보다 성실한 자세, 소신 있는 판단이 필요하다."는 그분의 말을 음미해본다.

머리 좋은 학생이 반드시 좋은 성적을 받는 것은 아니다. 그렇다고 공부를 잘하고 성적이 좋다 해서 그 학생의 품성이 좋은 것도 아니다. 그러나 우리나라에서는 잘 외우고, 시험 보는 요령만 잘 터득하면 머리 좋은 사람이 되고, 품성도 좋은 것으로 여긴다. 그래서 법관이 될 수 있는 방법은 고시에 합격하기만 하면 되는 것이다.

이영섭 전 대법원장은 머리보다 성실과 소신의 품성이 매우 중요하다고 했다. 법관은 인간을 다스린다. 사람이 사람을 잘 다스리기 위해서는 사람을 알아야 한다. 그러나 법관이 되는 과정은 우선 법대에 들어가야 하고, 그 다음에는 고시를 보기 위해 잠시의 틈도 없이 시험공부에 집중하여 전력해야 한다. 그러다 보면 성경책이나 고전, 철학 서적은 고사하고, 소설책 한 권 제대로 읽지 못하는데, 그렇게 해서 합격하여 사람을 판단하고 다스리는 자리에 서게 되면 많은 젊은이들이 선망하는 시대의 영웅이 되는 것이다.

이와 같이 매우 잘못된 과오의 근원을 누가 만든 것인가? 사회, 부모, 학교 교육, 우리 모든 기성세대의 책임이 아닌가?

문화와 학문은 지구촌 모든 인류의 보편적 가치를 추구하는 목표 설정이 있어야 한다. 그러나 현실은 불행하게도 한 국가, 한 민족의 울타리에서 헤어 나오지 못하는 한계를 드러내고 있다. 특히 우리 교육은 나만 잘 되어야 한다는 절대 목표를 좀처럼 수정하려 하지 않고 있다. 자라고 있는 우리의 아들, 딸 그리고 손자, 손녀들을 알맹이 없는 지식의 상자로 몰아넣고 있는 것은 누구의 책임인가? 자신들의 달란트를 찾아 밝고 환하고 정직한 사람으로 세계를 품고 발랄하게 살아가야 할 그들이 경쟁에 경쟁을 조장하고 또 다른 경쟁을 찾다 보면 결국은 이들이 넘어야 할 산과 강을 더 깊고 험하게 만들어가는 꼴이 된다는 사실을 이제는 우리 모두가 깨달아야 한다.

　우리네 학부모들은 학교 수업을 마치고 집에 돌아온 자녀를 보고 있으면 왠지 불안하다고 한다. 지금 이 시간 옆집 아이는 어느 학원에서 수업을 받고 있고, 수업이 끝나는 밤 12시부터는 집에서 요점 정리로 새벽 3시까지 공부에 매달리고 있을 거라는 경쟁의 불안에서 놓이지 못하는 이 나라 학부모의 불안한 마음이 오늘의 현실이 아닌가.

　수업 받는 시간이 많아야 하고, 책상에 앉는 시간이 길어야 하며, 잠자는 시간은 짧아야 한다고 믿는다면, 체력에 대한 인간의 한계와 집중력이 모아지는 시간 그리고 휴식의 가치를 왜 계산하지 못하는 것일까?

　이제는 내가 아이들에게 끼워주고 있는 첫 단추를 조심 조심 살펴야 한다. 창의력을 잃고 단순하게 외우는 교육은 생명력이 없다. 나와 가족만을 위한 경쟁은 스스로의 무덤을 파는 것이다. '왜'라는 질문과 끝없는 상상력을 키워가는 아들과 딸로 성장시켜야 한다. 엉뚱한 생각을 스스럼없이 표현할 수 있는 교육 환경을 만들어 주어야 한다. 이 땅의 모든 손자 손녀가 스스로 판단하고 자신이 선택할 수 있는 사람으로 성장하여, 이웃과 사회와 국가와 세계를 품고 그 꿈을 이루어가는 내일의 주역이 되기를 간절히 소망한다.

침 뱉은 돈

어릴 적, 어머니를 따라 전라도 영암에 있는 독천 5일장을 갔었
다. 찬바람이 스산하게 불어대는 늦은 가을, 새벽미명에 강가 모
래밭에 심었던 무를 뽑아 지붕이 없는 트럭에 무와 몸을 싣고 어
머니와 함께 시장에 갔었다. 자리를 잡고 좌판을 깔았는데 옆자리
에서 채소를 파시던 어느 아저씨가 갑자기 첫 손님에게 무를 팔아
받은 돈을 치켜들고는 큰 소리로 "오늘 마수했응께" 하시더니, 그
돈에 침을 "퉤- 퉤- 퉤-" 세 번을 뱉는 것이 아닌가. 그리고 "오늘
재수 좋구만" 하시더니 돈을 반으로 접어서 주머니에 쑥 집어넣는
것이었다. 조금 있으니 옆에 있던 다른 아저씨도 "나도 마수했응
께" 하시더니 그 돈에 침을 세 번 뱉고는 "오늘 재수 좋다"고 덩실
덩실 어깨춤을 추는 것이었다.

일반적으로 침을 뱉는 것은 부정하고 더러운 것을 보고 피할 때
하는 행동으로, 축복이 아닌 저주의 표시가 되는데, 왜 하필 누구
나 갖기를 소망하는 돈에 침을 뱉는 것일까? 어린 마음에 의아하

게 생각했던 일이 있었다. 하지만 지금 생각하면 첫 거래, 처음 받는 돈에 대한 기쁨과 하루 시작에 대한 기대를 이렇게 나타내는 것이었음을 그분들의 표정과 표현에서 이해할 수 있게 되었다.

처음 것에 대한 의미는 모두에게 남다르고 중요하다. 나도 공무원에 처음 임용되어 첫 월급을 받았을 때, 가장 먼저 십일조를 떼어놓고 남은 돈으로 부모님께 드릴 내의를 사서 편지와 함께 보내드렸던 기억이 있다. 그렇다면 그날 처음 받은 돈에 침을 뱉는 것도 첫 손님, 첫 수확, 첫 돌, 한해의 첫 날처럼 처음 것에 대한 기쁨의 의미에 부여하는 장래의 기대로 이해함이 좋을 것이다.

현대인에게 돈은 제6의 감각이라 하여 필수불가결의 가치를 지닌다. 사람들이 갖고 있는 시각, 후각, 청각, 미각, 촉각을 느끼는 것도 돈이 없으면 이 모든 감각을 무디게 하거나 본래의 맛을 바꾸어버리게 된다는 것이다. 단맛 나는 음식에서 쓴맛을 느끼게 되고, 쓴맛 나는 음식에서 단맛을 느끼게 되는 것이 돈 때문이라는 것이다.

돈에 대하여 겉과 속이 다른 이중성을 보게 된다. 돈은 나쁜 것이라고 거드름을 피우면서도 실상은 침 뱉은 돈을 호주머니 안쪽에 깊숙이 간직하는 소중함을 보여주고 있는 것이다.

돈은 나쁜 것인가? 돈은 침을 뱉을 수밖에 없는 더러운 것인가? 아니다. 돈 그 자체는 나쁜 것도 더러운 것도 아니다. 다만 사람들이 돈을 사용하면서 더럽게도, 또는 좋은 것으로 만들고 있기 때문일 것이다. 오늘날까지 돈이 나쁜 것으로 생각된다면 그것은 우리들이 그 돈을 나쁘게 사용하고 있기 때문이 아닐까.

어린 날, 겨울 밤 시골 사랑방에서 들었던 얘기가 있다.

어느 가난한 선비가 너무 돈이 필요한 나머지 하나뿐인 예쁜 외동딸을 평민이지만 돈이 많은 집으로 시집보내게 되었다. 몇 달이 지난 후 친정아버지인 가난한 선비가 마음에도 없이 남편을 섬기며 시집살이를 하는 딸의 집을 찾아가게 되었다. 딸이 준비한 밥상을 맞아 수저를 뜨는데 밥에서 무슨 쇠붙이와 부딪치는 소리를 듣게 되었다. 조심스레 밥을 헤쳐 보니 밥그릇이 엽전으로 가득 채워져 있었던 것이다. 그날 밤 딸은 치마에 엽전을 가득 싸서 아버지가 주무시는 사랑채 앞에 있는 깊은 우물에 스스로 빠져 죽었다는 이야기다.

돈의 필요성을 절감한 아버지와 죽음을 택한 딸 중 어느 쪽이 옳은가 하는 판단은 매우 어려운 것으로 생각된다.

돈에 눈이 어두워 외동딸을 판 비정한 아버지와 시집간 후 처음 뵙는 아버지에게 엽전 밥을 먹이고, 아버지를 원망하며 목숨을 끊은 독한 딸의 이야기는 지나친 배금증이나 지나친 결벽증도 모두 옳지 않은 것임을 교훈해주는 것이 아닐까?

이제 돈에 침을 뱉는 일이 없었으면 좋겠다. 왜냐하면 돈은 우리 생활에 매우 중요한 제6의 감각이 되어 가장 귀한 생명을 끊게도 하지만 연장시키기도 하기 때문이다. 이처럼 소중하고 귀한 것을 나쁘고 악한 것으로 만드는 것은 돈을 사용하는 우리에게 그 책임이 있음을 다시 확인하면서, 과연 돈이란 무엇인지, 좋은 것인지, 나쁜 것인지를 다시 생각하게 된다.

돈은 그 자체가 수단이기 때문에 좋은 것도 나쁜 것도 될 수 없다. 나쁜 것을 얻게 되면 나쁜 것이지만 좋은 것을 얻게 되면 좋은 것이 되기 때문이다. 돈에 대한 가치평가는 오직 돈을 사용하는 사람이 어떤 수단으로 사용하느냐에 따라 결정되므로 돈에 대한 책임이 나에게 있음을 다시 확인하게 된다.

돈을 모을 때는 수고의 짐이요
돈을 지킬 때는 공포의 짐이요
돈을 사용할 때는 유혹의 짐이요
돈을 낭비할 때는 책임의 짐이요
돈을 잃을 때는 슬픔의 짐이요
돈에 정신이 팔리거나 눈이 어두워지면 돈 사람이 된다.
돈 때문에 돈 사람들이 많다.

바쁘다, 빨리

우리 모두 바쁘게 살아가고 있다. 바쁨에는 나이가 없고 직업의 구별도 없다. 버스와 택시들이 도로를 질주한다. 집채만 한 트럭이 굉음을 울리며 차선을 바꾸는 묘기를 부린다. 택시를 잡으려는 사람들도, 버스를 타려는 승객들도 인도를 버리고 차도에서 이리저리 뛰고 있다. 아이들도 위태롭게 책가방을 멘 채 길 위를 뛰어간다. 쫓기고 있는 사람처럼 초조한 모습이다. 무슨 연유로 그리 바쁘고 급한지…….

20여 년 만에 죽마고우(竹馬故友)의 소식을 듣고 오랜만에 얼굴 보고 밥 한번 먹자고 했는데, 친구의 대답은 지금은 바쁘니 다음에 다시 연락하자고 한다. 모임을 알려도 바빠서 참석하지 못한다는 연락을 보내왔다.

모두가 시간이 없다고 하지만, 정작 시간은 초와 분과 시의 간격이 예나 지금이나 변함없이 그대로인데 시간이 없다고 한다. 10

년, 20년을 꾸준히 해도 잘 안 되는 것이 외국어 회화인데 "단 1개월 외국어 완성"이라는 광고 선전문이 아침 신문 홍보물로 눈에 들어온다.

긴 시간을 묵상하며 음미해야 할 성경도 이제는 시간을 단축하는 속독법으로 읽고 넘기며, 난치병을 치료하는 데도 3개월 완치 선전물이 환자들을 모으고, 우리나라 젊은이들의 가장 큰 목표인 다이어트도 "1개월 10kg을 뺀다"는 선전물로 젊은이들의 지대한 관심을 끌고 있다.

그러나 인생의 참된 스승의 말씀은 축지법을 사용하지 않는 한, 길은 뛰어 넘을 수 없으며, 누구나 가야 할 길은 걷고 또 걸을 수밖에 없는 것이라고 예나 지금이나 똑같은 교훈으로 가르치고 있다.

미국 야구계의 황제라 불렸던 행크 아론이 남긴 충고는 오늘날 세계적인 운동선수를 꿈꾸는 많은 젊은이들에게 교훈이 되고 있는데, 홈런을 잘 칠 수 있는 비결은 "충실한 연습, 꾸준한 연습, 그리고 또 정직한 연습"뿐이라고 했다.

그런데 오늘날 많은 젊은이들은 마땅히 가야 할 길을 마다하고 단축하여 빨리 갈 수 있는 지름길을 찾고 있다. 운동선수가 되는 것도, 살을 빼는 것도, 돈을 버는 것도, 출세를 하는 것도 쉼 없는 땀 흘림 없이 쉬운 길과 빨리 갈 수 있는 방법을 찾아 헤매고 있다. 그래서 모두가 초조하고 불안해하며 서두르고 있는 것이다.

한번은 뒤에 있는 차가 경적을 세 번 네 번 울려 나를 심히 놀라게 하더니, 이내 차선을 바꾸어 도망치듯 앞질러 사라졌는데, 얼마를 가다가 빨간 신호를 보고 섰더니 내 차 옆에 그 차가 서 있는 것이 아닌가. 서두르고 짜증을 내며 바쁘게 행동하는 것은 그만한 이유가 있다기보다는 대부분의 경우는 몸에 깊이 배어 있는 습관 때문이 아닐까 생각한다.

육교가 있고 조금 지나면 횡단보도가 있는데도 목숨 걸고 차도로 건너가며, 빨간 신호등에는 달리던 차들이 멈추어야 함에도 멈추지 않고 그냥 질주한다. 그것은 몸에 밴 잘못된 생각이 자신도 모르는 사이에 행동으로 나타나기 때문이며, 무언가에 쫓기는 불안함과 초조함이 있기 때문이다.

급하게 서두르는 심리 상태는 자칫 상대를 극단적인 사람으로 단정해 버리는 과오를 범 하기도 한다. 사람과 사람은 서로가 다른 다면성의 특성을 갖고 있는데, 이 같은 서로의 특성을 단순화하여 흑백논리와 사고의 경직화로 비약시키는 큰 잘못을 저지르게 되는 것이다.

예전에 수십만 명의 군인 중 정신이상일 수도 있는 한 병사가 총기를 휘둘러 동료 군인을 살해했다는 뉴스를 전하면서, 마치 이 사건으로 모든 군인들의 정신상태가 병든 것처럼 개탄하는 보도를 본 적이 있다.

공무원 몇 사람의 부정이 마치 대한민국 모든 공무원이 부패한 것으로 극단화하고 확대되는가 하면, 수많은 성직자 중 몇 사람의 타락한 모습으로 인해 마치 모든 성직자가 타락하여 몹쓸 사람으로 확대되어 욕을 먹는 단순화된 속성이 곳곳에서 나타나고 있는 것이다.

이 세상을 살아가는 모든 사람은 장점과 단점을 함께 갖고 있으며, 잘하는 것이 있으면 잘못하는 것도 있는 것이다. 그래서 아무리 훌륭한 사람도 자세히 알고 보면 실수와 나쁜 점이 있고, 아무리 나쁜 사람도 착한 면이 있다는 것을 부인해서는 안 된다.

어떤 외국인은 우리나라 국민의 "빨리 빨리" 문화를 보면서 그것이 한국경제가 크게 성장하게 된 요인이라고 할 수 있지만, 지속적인 생명력을 지켜가기 위해서는 지금의 속도를 조심스럽게 낮추는 것이 필요하다는 충고와 함께 특히 유의할 것은 아무리 바쁘다 할지라도 성급한 흥분과 판단은 돌이킬 수 없는 과오를 만들게 되고 그 같은 실수는 지울 수 없는 후회가 된다는 것이다. 그러기에 달려 가는 것도, 칭찬하는 것도, 꾸짖는 것도 한 템포를 늦추는 신중함이 필요하다는 것이다.

나에게도 상대방의 이야기를 충분하게 다 듣지도 않고 성급한 판단으로 검증을 생략한 채 단정해 버렸던 잘못이 있었음을 뒤늦게 깨닫게 된 경우가 있다. "죽일 놈"이라고 질책 받던 자가 나중에 알고 보니 그 누구도 쉽게 할 수 없는 의인이었으며, "착한 사람, 법 없이도 살 수 있는 사람"으로 입이 마르도록 칭찬하며 자랑

했던 친구가 훗날 알고 보니 가면을 쓴 나쁜 사람이었음을 알게
되었던 경우도 있다.

　바쁘고 시간이 없다고, 빨리 빨리 서두르는 나의 잘못된 행동이
상대를 단순화시켜 극단적으로 쉽게 평가하고 있지는 않았는
지…….
　잠시의 여유를 놓치지 않을 때, 우리들이 가는 길에는 예쁘고
향기로운 꽃들이 보이며 울창한 나무들과 숲이 시야에 들어오는
자연의 보배로움을 놓치지 않을 것이다.

　이제부터는 '빨리 빨리'에 습관화된 나의 조급함 때문에 모든
사람과 사물을 나의 선입견으로 극단화시키는 과오를 범하지 말아
야겠다. 나의 사고와 우리의 판단을 균형 있게 회복시킬 수 있는
방법은 바쁜 중에서도 누릴 수 있는 잠시의 여유를 회복시키는 것
이다. 행여 "바쁘다", "시간이 없다"는 말이 습관화되어 있지는 않
은지, 상대를 나의 편협된 판단으로 단정해버리는 잘못은 없는지,
다시 생각하는 여유를 누려야겠다.

실패와 걱정

사람은 누구나 걱정과 고민이라는 늪에서 자유로울 수가 없다. 어린아이에서부터 노년에 이르기까지 모두 걱정과 근심 속에서 살아가고 있다. 지나간 일들이 후회의 아쉬움으로 우리들을 우울하게 만들기도 하며, 지금 하고 있는 일에 어려움을 겪기도 한다. 때로는 장차 무슨 일이 벌어질지 알 수 없는 불안이 더해지기도 한다. 그러나 인생의 삶에 가장 확실한 길잡이가 되고 있는 성경은 "누구든지 내일 일을 염려하지 말라"고 한다. "오늘 무엇을 먹을까, 무엇을 입을까 염려하지 말라"고 한다. 더욱이 누구도 모르는 내일 일을 염려하는 것은 어리석은 일이라고 일깨워주고 있다.

그런데 우리가 겪고 있는 대부분의 걱정거리는 자기 힘으로는 어떻게 할 수 없는 것이거나 자신의 능력으로는 알 수 없는 일에 매달릴 때 일어나는 심적인 불안이라고 한다. 그렇기 때문에 지나친 불안은 충분히 해결할 수 있는 자신의 건전한 능력을 스스로 막아버리는 우매함이 된다는 것이다. 어떤 분이 몸의 여러 부위가 쑤시고 아픈 통증을 호소하기에 병원에 가보아야 하지 않겠느냐고 권했더니 병원에는 가지 않겠다고 한다. 병원에서 행여 암이라는 진단이 나왔을 때, 받게 될 충격의 불안이 자신의 자유로움을 꽁꽁 옭아매는 쇠사슬이 되기 때문이라고 한다. 건전한 생각으로는 이해하기 어려운 사람으로 보일 뿐이다. 불안은 문제를 지혜롭게 해결하려는 건전한 판단을 스스로 막아버리는 우매함이 된다고 한다.

직장에서 일할 때 승진자 발표 시기가 도래했다는 얘기를 듣게 되었다. 그 시간부터 일이 손에 잡히질 않고 안절부절못했다. 화장실에서도 집에 있는 시간에도 도무지 머릿속이 승진자 발표 명단에 내 이름이 있어야 한다는 생각 때문에 불안과 걱정으로 밤잠을 설치게 되고, 식욕까지 잃었던 경험이 있다. 하지만 승진자 명단은 내가 걱정을 시작한 시점보다 훨씬 이전에 확정되었던 것이다. 그간의 걱정과 고민이 얼마나 부질없는 것이었는가를 일깨워 주었다.

지나친 걱정은 건강을 해치게 하여 종국에는 마음에 병을 가져오기도 한다.

막내아들이 초등학교 시절 생일을 며칠 앞두고 심한 고열로 앓아눕게 되었다. 병원에서도 특별한 원인을 찾지 못했는데, 알고보니 자기 생일 파티에 친구들이 오지 않을까 하는 염려와 걱정으로 인해 잘 먹지도, 자지도 못해서 생긴 병이라는 것이었다.

　심리학자들이 오랜 연구를 통해 발표한 것을 보면, 사람들의 걱정 중 50퍼센트는 일어나지도 않을 일, 20퍼센트는 과거에 있었던 지나간 일, 12퍼센트는 자신과 아무런 상관이 없는 다른 사람에 관한 일, 10퍼센트는 일어날 가능성이 전혀 없는 질병에 대한 것이라고 한다. 그리고 나머지 8퍼센트만이 걱정하고 고민할 수 있는 가치가 있는 것인데, 이 8퍼센트도 확실한 신념만 있다면 모든 걱정을 떨쳐버리고 평안할 수 있다는 것이다.

　인생은 누구나 높은 산도 깊은 계곡도 지나야 한다. 가야 할 먼 길을 자신의 궁색한 지식과 일천한 경험으로 미리 상상하여 예측하기 시작하면 머리가 혼란스러워지고 팔과 다리에는 힘이 빠져 더 이상 걸을 수도 없는 무기력한 자가 될 뿐이다. 어떤 문제에 처했을 때, 그때 그 자리에서 최선을 다하다 보면 누구나 갖고 있는 잠재력의 무한한 힘이 모든 것을 넉넉히 극복할 수 있게 할 것이다.

　인간은 걷는 존재이기 때문에 걷기를 멈추게 되면 행복을 잊게 된다고 한다. 그래서 가야할 길을 더 가지 못하면 절망의 고통과 아픔을 갖게 된다. 그러나 꼭 기억해야 할 것은 때때로 길이 막히고 끊겼을 때는 긴 호흡을 몰아쉬며 잠시의 쉼을 통해 자신이 가야 할 참 길을 찾아야 한다는 것이다.

　높은 곳에서 함께 떨어진 어른과 아이가 있었는데, 떨어진다는 것을 미리 알고 걱정했던 어른은 온 몸이 긴장되고 굳어져서 많은 상처를 입었지만, 떨어진다는 사실을 몰랐던 어린아이는 아무런 상처를 입지 않았다고 한다.

성공을 위한 지혜는 실패의 경험을 통해서 얻게 된다고 한다. 사람은 누구나 실패의 경험을 갖고 있는데 그 경험을 통해 지혜를 터득하게 되기 때문에 실패는 곧 성공의 기초가 된다는 것이다.

어린 시절 책상머리에 "실패는 성공의 어머니"라는 격언을 써 붙여 놓고 수없이 되뇌었던 기억이 있다. 이 말은 성공을 위해서 는 꼭 실패가 있어야 한다는 뜻이 아니다. 두 번, 세 번 그 이상 반 복되는 실패를 두려워하지 않고, 실패를 디딤돌로 다시 도전하는 용기가 성공을 가져오게 한다는 교훈이리라.

실패 자체는 무엇인가를 위해서 땀 흘려 노력했다는 증거가 된 다. 일하지 않은 사람은 실패도 할 수 없는 것이고, 실패를 경험할 기회도 없게 되는 것이다. 사람은 누구나 실패할 가능성을 갖고 있기 때문에 실패가 결코 수치스럽거나 부끄러운 것이 되지 않는 다. '칠전팔기'(七顚八起)라는 말이 더욱 돋보이고 많은 사람들로 부터 축하의 뜨거운 박수를 받게 되는 것은 거듭되는 실패를 성공 을 위한 도전의 계기로 만들어 더 많은 노력과 땀을 흘렸다는 불 굴의 정신이 묻어 있기 때문이다.

최선을 다한 실패의 가치를 잊어서는 안 된다. 도전 없이 사는 것은 동물과 같은 삶이며 모험 없이 사는 것 또한 부끄럽고 수치 스러운 삶인 것이다. 과거에 실패했으며 오늘 또 실패했다 하여 내일도 실패한다고 생각하는 것은 올바른 판단이 아니다. 포기하

고 중단하는 것은 스스로 성공의 기회를 버리는 것과 같은 것이
다.

　모든 사람 중 완전한 사람은 하나도 없기 때문에 실패는 당연한
것인지도 모른다. 사람은 모두가 실패할 가능성을 갖고 있다.

　지난 날 실패의 어두움이 나를 덮게 되면 그것은 계속 걸어야
할 내 발을 꽁꽁 묶어버리는 올가미가 된다. 지금 당하고 있는 걱
정과 근심은 안목을 어둡게 만들어서 올바른 해결책을 찾을 수 없
게 한다. 모든 문제의 답이 그 속에 있다는 가르침을 망각하게 만
들기 때문이다. 장차 무슨 일이 벌어질지 알 수 없는 걱정과 근심
은 잠 못 이루는 밤이 되어 호흡을 멎게 할 수도 있다. "누구든지
내일 일을 염려하지 말라"는 성경 말씀을 통해 마음의 평안을 얻
게 된다.

거짓의 과대포장

몇 년 전부터 머리카락이 빠지기 시작하더니 지금은 이마가 넓은 운동장이 되었고, 정수리까지 반질반질 반사될 정도의 대머리가 되어버렸다.

아내와 함께 마트에 갔다가 머리카락을 보호할 뿐 아니라, 빠진 머리카락을 다시 나게 한다는 약품을 선전하고 있는 판매원을 만났다. 판매원은 그 약을 머리에 바르면 반드시 머리카락이 난다는 얘기였고, 그 약품의 설명서에도 머리카락이 난다는 내용을 선명하게 기록하고 있었다.

진짜 빠진 머리카락이 다시 나게 된다는 것인가? 이것이 사실이라면 지구촌에 많은 사람이 대머리로 살아가는 스트레스가 해결되고 이 약품을 만든 회사는 큰 부자가 되겠구나 생각하며 선뜻 믿어지지 않았으나 평소 나의 머리에 지대한 관심을 보여온 아내의 강요가 더해져서 상당한 돈을 지불하고 그 약품을 사게 되었다. 사용 설명서를 숙지하고 몇 달 동안 열심히 바르고 관리했으나 결과는 역시나 머리카락은 불어나지 않았고, 끝내는 또 속았다는 허탈감을 감내해야 했다.

몇 년 전에는 아내와 함께 호주와 뉴질랜드로 여행을 하게 되었는데, 여행사가 일방적으로 만든 일정에 따라 하루에 한 번 정도는 녹용을 비롯한 각종 건강식품과 양털로 만든 각종 이불, 그리고 포도주를 만드는 와이너리 등을 방문하게 되었다. 가는 곳마다 "이 상품이 세계에서 최고의 물품이며 이번에 구입하지 않으면 크게 후회하게 된다.", "이 건강식품을 먹으면 당뇨, 고혈압, 심장에 특별한 효과를 보게 된다.", "한국에서는 구할 수 없고 이곳 보건당국에서 검증된 약품이다.", "오늘만 특별한 가격으로 판매한다." 등의 온갖 선전으로 여행객의 혼을 쏙 빼놓는 최면에 가까운 설득은 그 누구도 지갑을 열지 않을 수 없게 만들었다. 나도 그들의 선전에 현혹되어 함께 갔던 여행자들과 더불어 몇 가지 약품을 구입했던 일이 있다. 그때 구입했던 약을 5년이 넘는 기간 동안 계속 복용하였으니 얼마나 많이 사왔었는지를 짐작할 수 있을 것이다.

조금만 정신을 차리고 보면, 우리가 살아가는 현실은 거짓을 진실처럼 포장한 온갖 형태의 광고와 선전에 세뇌되고 있음을 알게 된다. 수많은 언론 매체를 통해 알려지고 있는 갖가지 약품과 먹을 것에 대한 상업광고를 어느 정도까지 믿어야 되는 것인지 알 수 없는 지경이 되었다. 그뿐인가, 이제는 우리가 매일 만나고 인사하며 대화를 나누는 사람마저도 쉽게 믿을 수 없는 지경이 되었다. 언젠가는 지인으로부터 사회적으로 저명하다는 훌륭한 분을 소개받았는데, 얼마 지난 후에는 언론을 통해 그의 신분이 우리 사회에서 지탄의 대상이 된 것을 알게 되는 어처구니없는 일을 경험하기도 했다.

선거철만 되면 대부분의 후보들이 존경받을 사람으로 등장하여 꿈같은 갖가지 공약을 내놓는다. 경제를 성장시키고, 수십만 개의 일자리를 만들어 청년 실업을 없애고, 가난한 자와 소외받은 자를 위한 복지 정책을 확대하는가 하면, 자고이래 꼬여온 교육 문제를 해결하여 위대한 대한민국을 만들겠다는 장황한 얘기를 듣게 된다. 그러나 당선자 중 선거 공약을 제대로 이행한 분이 몇 사람이나 되는지, 잘 알고 있지 않는가? 약속은 분명하게 했지만 그것들의 실상은 거짓된 과대포장으로 국민을 속인 최면의 달인들이었다는 사실을 그동안 수없이 경험하고 보아왔다.

침묵하는 지식인들에게 매서운 채찍으로 아픔을 주었던 김중배 전 〈동아일보〉 논설위원은 세평을 통해 우리가 살아가는 세상을 최면에 가깝게 설득하고 선전하는 '세일즈맨의 연기력'에 비유하여, 우리 사회의 고질적인 거짓된 속임의 병리를 질타한 바 있다.

"짐이 곧 국가다"라고 큰소리치며 군림했던 프랑스 루이 14세의 허상을 단적으로 보여주는 높은 구두와 가발에 대한 이야기가 있다.

루이 14세는 162센티미터의 작은 체형을 가진 인물이었는데, 자신의 외모를 위풍당당하게 보이기 위해 구두의 굽을 11센티미터 가량 올려 신었고, 또 높이가 15센티미터짜리 가발을 쓰고 다녔다고 한다. 구두와 가발로 자신의 키를 188센티미터까지 늘려놓은 이 일화는 거짓과 허상이 진실인 양 둔갑하여 역사를 지배하였고, 또 지배당했던 당시의 모습을 그대로 드러낸 것이었다.

특히, 전체주의 토양과 환경에서 살아왔고, 또 살아가고 있는 사람들은 대부분 계획적이고 쉼 없이 반복되는 교육과 선전에 세뇌되어 살아간다. 집이나 일터, 어느 곳에서든 외형으로는 무척 교양 있어 보이지만 그들의 입에서는 거짓을 사실로 인정하는 말의 앵무새가 되어 있는 것이다.

이같은 실상은 연일 접하고 있는 북한소식을 통해 쉽게 볼 수 있는데, 김일성, 김정일, 김정은으로 이어지는 세습의 고리에 묶여 굶주림으로 죽음의 삶을 살아가면서도 "3대 장군 만만세"로 뛰며, 소리치고, 박수치며 열광하는 북한 주민들의 모습을 보게 된다.

안타까운 것은 거짓을 청소하기 위해 진실이 여러 가지 채비를 하는 동안 거짓을 포장한 선전이 이미 모든 진실을 선점하여 지배하고 있기 때문에 진실이 거짓을 이겨낼 수 없는 고질적인 어려움이 있다는 것이다. 잘못은 또 다른 잘못으로 변모되고, 거짓은 또 다른 거짓으로 위장되어 두꺼운 껍질로 감추어지는 안타까움이 있는 것이다.

　이제 우리가 해야 할 것은 다소 시간이 걸리고 힘들고 어렵더라
도 거짓된 선전을 단호하게 거부하며 진실을 힘 있게 외치는 용기
가 필요한 것이다. 루이 14세의 허상을 들추어낸 역사학자들의 냉
철한 진실은 지금도 살아 있는 외침이 되고 있지 않은가.
　거짓을 거부하지 않으면 우리는 최면의 늪에서 영영 빠져나오
지 못하는 참담한 비극을 각오해야 하기 때문이다.

　"거짓은 노예와 군주의 종교이며, 진실은 자유로운 인간의 신이
다."라는 러시아 작가 막심 고리키의 말을 음미하면서, 거짓의 포
장을 말끔히 걷어내고 정직의 아름다움을 선명하게 드러내어 건강
하고 밝은 사회를 만드는 일에 내가 해야 할 구체적인 행동이 무
엇인지, 꼭 찾아내야 한다.

목욕탕 갔던 날

경제 위기로 국가 부도 위기를 맞기 1년 전인 1996년 12월에 있었던 일이다. 당시 우리나라 경제사정이 어렵다 보니 대부분의 시간을 사무실에 머물게 되었다. 그래서 나는 토요일 오후나 주일에도 늦은 시간까지 사무실에서 일을 해야 했다.

1996년에 기록한 우리나라 경제 사정은 사상 최대의 무역수지 적자 233억 달러를 기록하였고, 국가 경제규모나 인구수에 비해 에너지 소비량이 많았으며, 특히 석유 소비 증가율은 세계 1위를 기록하여 1인당 에너지 소비량이 일본의 3배, 미국이나 독일 등 선진국의 약 2배를 사용하고 있었다. 당시 정부의 당면과제는 무역수지를 개선하고 외채 규모를 줄이기 위해 에너지 수입량을 낮출 수 있도록 소비를 억제할 수 있는 방안을 찾기 위해, 정부 각 부처들은 새로운 대안을 세우는 일에 매달리고 있었으므로, 에너지 업무를 담당했던 나는 매주 토요일 오후에 꼭 찾았던 동네 목욕탕 가는 것도 몇 주째 멈출 수밖에 없었던 형편이었다.

60℃ 맥반석 사우나에 들어가 양다리를 꼬아 허리를 꼿꼿하게 세우고 앉아 온갖 상념에 잠기는 10여 분, 그리고 서툰 요가로 땀을 흠뻑 흘려보는 쾌감은 해보지 않은 사람은 알 수 없는 참으로 기분 좋은 시간이었다.

그러던 어느 토요일이었다. 마음을 단단히 먹고 오늘은 꼭 목욕탕에 가야겠다는 생각으로 "오늘 퇴근 시간은 6시에 할 수 있도록 모든 일을 서둘러 달라"고 직원들에게 당부했다. 목욕탕 영업시간이 8시까지이므로 늦어도 7시까지는 도착해야 내가 생각하는 모든 것을 아쉬운 대로 끝낼 수 있기 때문이었다. 그래서 나는 예정된 시간에 과천정부종합청사를 출발하여 안양 공동묘지 고갯길을 넘고 넘어 앙상한 가지 숲으로 아치를 이룬 내 고향 남쪽 어느 시골 길을 떠올리게 하는 신작로를 지나 내가 단골로 찾았던 동네 목욕탕에 도착하였다.

많은 사람들이 알몸으로 스스럼없이 만날 수 있는 곳, 어린아이도 할아버지도, 지위의 높고 낮음도, 부자도 가난한 사람도, 살찐 사람도 마른 사람도 모두가 허울을 벗어버리고 하나님께서 주신 알몸과 알몸으로만 만날 수 있는 이곳이 장차 내가 가야 할 하늘나라와는 어떤 차이가 있을까를 생각하게 하는 곳이다.

여느 때와 같이 목욕탕 안에는 많은 사람들이 각양각색의 자세와 몸짓으로 가득 차 있었다. 내가 즐겨 찾는 맥반석 사우나 실에도 많은 사람들이 각자 나름의 편안한 자세로 땀을 쏟아내고 있었

는데, 그날따라 평소 조용했던 것과는 사뭇 다르게 어느 몸집이
유난히 큰 중년 남성의 격앙된 목소리에 모두가 귀를 세우고 경청
하고 있는 무거운 분위기였다.

작은 대통령 앞에서 무릎을 꿇고 계속 고기만 구웠다는 어느 장
관에 대한 이야기, 한보의 몸체는 어떤 X이고 깃털은 누구라는
것, 권력의 시녀가 되어 있는 검찰을 이제 더 이상 믿어서는 안 된
다는 훈시, 경제성이 없는 코렉스 공법 도입을 승인한 내가 근무
하고 있는 기관에 대한 질책, 온통 썩어버렸다는 공무원들에 대한
성토, 억 단위는 꿀꺽 삼키면서 당시 2,800원 하는 목욕 요금을
단돈 200원 인상하는 것에는 법적 근거도 없이 공갈 협박으로 위
협하고 있다는 구청 직원에 대한 욕설까지……

평소 어디서나 쉽게 들어볼 수 없었던 갖가지 이야기들이 격한
어조로 거침없이 흘러나와 모든 사람들의 귓전으로 모이고 있었
다. 맞장구를 치며 한껏 목청을 높이는 어느 삐쩍 마른 40대의 중
년과, 우리 경제는 최악의 상황이 되어 이제 곧 제2의 멕시코가 될
것이라고 예언하는 아저씨까지 전체 분위기가 매우 격앙된 험악함
이었다.

만약 저 분들이 내 신분을 알았다면 나에게도 갖가지 욕설과 질
책이 있었겠지만, 알몸으로 앉아 있는 내 자신이 얼마나 다행한
일이었는지, 안도의 한숨을 몰아쉬었고 그러면서도 듣지 못했던
애기를 계속 듣고 싶은 갈증이 있었으나, 흐르는 땀과 더위를 더

이상 참을 수 없어 사우나실 문을 나와 바닥에 주저앉아 보니 나를 향한 찔림과 아픔이 머릿속을 어지럽게 하여 쉽게 일어날 수 없는 지경이었다.

우리 경제를 선진 대열로 끌어 올렸던 1970년대와 80년대, 이 나라 공직자들이 흘린 땀과 노력은 어디로 가고 이토록 원망과 질책을 받아야 하는 위치로 추락한 것인가? 나는 왜 지금 이분들에게 지금의 모든 상황이 그렇게 절망스러운 것만은 아니라고 얘기하지 못했는가? 이곳에서 지금 내가 할 수 있는 일은 무엇인가? 많은 생각이 머리를 스쳤지만, 불편한 마음을 다스리며 냉탕 쪽으로 몸을 움직이자 평소에는 눈에 보이지 않았던 것들이 나의 시야에 들어왔다.

샤워기와 선반, 곳곳에 제멋대로 버려진 많은 타월, 한 번 쓰고 버리기에는 너무 아까운 칫솔과 때 미는 수건, 곳곳에 뒹구는 면도기, 샴푸비닐들과 비누조각들을 하나하나 주워 모아 마땅히 있어야 할 장소로 정리하는 것을 시작했다. 많은 사람들의 시선이 이상한 나라에서 온 외계인을 보는 것처럼 나의 알몸으로 모아지는 부끄러움이 있었지만 질책 받아 마땅한 내가 이곳에서 할 수 있는 일이 이것뿐이라는 속말을 남기며 깨끗이 정리된 목욕탕을 뒤로하고 서둘러 밖으로 나왔다.

참으로 우리 사회가 어찌하여 이토록 암담하게 어두워지고 있는 것일까? 염려했던 제2의 멕시코 경제가 우리에게도 닥쳐 오는 것일까? 모든 잘못과 책임이 정치하는 사람들이나 공직자에게만 있는 것일까? 기업가들, 장사하는 사람들, 목욕탕 사장님, 변호사, 의사, 이분들은 정직하게 법을 지키고 국가와 사회를 위해 각자 해야 할 일들을 스스로 찾아 잘 감당하고 있는 것일까?

행여 우리는 공무원의 눈을 피해 불법을 자행하며 자신의 이익을 위해 불철주야 궁리하고 있지는 않는지, "아침 일찍 오느라 신호를 위반하고 달리다가 숨어 있던 경찰이 쥐새끼처럼 나타나서 차를 세우기에 만 원짜리 지폐를 꾸불쳐 건넸더니 경례를 붙이면서 보내주더라"고 자랑스럽게 이야기 하면서 이 나라 공무원들이 모두 이 꼴로 썩었다고 성토하고 있지는 않는지, 불법을 자행하고 부패의 원인을 제공하는 자신에게는 아무런 책임도 잘못도 없는 것으로 무디어지고 있는 것은 아닌지, 갖가지 부질없는 질문과 불편한 마음을 쓸어내리면서 내가 위로 받을 따스함이 있는 집을 향해 발걸음을 옮겼다.

대한민국은 1997년 12월 3일 국가부도 위기를 모면하기 위해 국제통화기금(IMF)과 자금지원 양해각서를 체결하여 '외환위기'라는 어려운 산고를 겪었다.

당시 대한민국의 대통령과 경제부총리 그리고 공무원들은 국가부도 위기의 심각성을 인식하지 못한 결과, 수많은 기업들은 부도의 경영 위기를 맞았고 대량 해고와 경기 악화로 우리 경제는 커다란 시련을 겪어야 했으며, 이 같은 결과는 무능한 정부와 부패한 공직자가 만들어낸 것으로 씻을 수 없는 오점을 우리 역사에 남기게 된 것이다.

목욕탕 이야기는 듣기 거북한 내용이었다. 그러나 목욕탕은 당시 모든 국민이 갖고 있었던 생각이 여과 없이 드러나는 소통의 공간이었던 것이다. 이 나라의 살림을 위임받은 모든 공직자들은 목욕탕에서 터져 나오는 진실된 소리들을 진지하게 듣지 못했던 것일까? 바쁘다는 핑계로 듣고도 변명으로 귀가 어두웠던 것은 아니었는지, 안타까웠던 당시의 일이 지금까지 이어진다.

공직자가 갖추어야 할 덕목은 무엇일까? 정직과 성실 그리고 어떠한 얘기도 들을 수 있는 겸손과 마땅히 가야 할 곳을 찾아가는 부지런한 발걸음이라는 교훈을 뒤늦은 아쉬움으로 남기게 된다

힘이 지배하는 현실

1982년 9월 1일 밤 9시에 "팔레스타인 난민촌 학살 사건"이 발생했다. 다음 날 오후 4시까지 19시간 동안 베이루트 난민촌에서 무참하게 학살된 사람의 수가 3,200명을 넘었다고 당시 아라파트 PLO 의장이 밝힌 바 있다.

가해자는 친이스라엘계의 레바논 민병대라 했지만, 실상은 이스라엘군이 진입하여 난민촌을 포위했고, 민병대에 무기를 제공했으며, 궁극적으로는 이스라엘 정부에 책임이 있다는 것이 세계의 지배적인 소리였다.

이스라엘은 팔레스타인 지역이 그들의 고국이므로 이제 지구촌에 흩어져 있던 그들의 민족이 고향 땅에 돌아와 자신들의 나라를 세워야 하기 때문에 유대인을 또다시 이산의 '디아스포라'로 만들려는 자들을 용납할 수 없다고 주장했다.

그러나 팔레스타인 사람들은 2천 년 동안 가나안 땅에서 줄곧 살아왔는데, 지난 2천 년 동안 흩어져 살던 유대인들이 이제 '젖과 꿀이 흐르는 땅'으로 돌아와 이곳을 자신들의 땅이라고 주장한다고 하소연한다. 땅은 하나인데 두 민족이 자신들의 고향이라 주장하니 최선의 방안은 함께 사는 공존의 방법을 찾는 것이 유일한 길이라고 생각되지만 서로에 대한 종교적 갈등과 증오, 중동 특유의 테러리즘과 피를 피로 보복하는 악순환은 끝내 대학살이라는 최악의 광기를 적나라하게 보여주고 말았다.

1억 이상의 아랍인들에 둘러싸인 300만 이스라엘은 생존을 위해 자신들의 힘 외에는 국제적인 어떤 질서도 믿을 수 없고 인정할 수도 없다는 논리로 자신들의 안전을 지키기 위해 이라크의 원자로를 부숴버렸고, 시리아의 골란 고원을 합병하는 등 그들의 의지를 과시했다.

제2차 세계대전 때 약 600만 명의 유대인이 나치 독일에 의해 개나 고양이처럼 가스실에서 또는 굶주림으로 학살당했기에, 유대인들은 자신의 생존을 위해서라면 무엇이라도 할 수 있다는 특유의 유대인 정신을 만들어냈다.

오늘날 미국의 금융과 언론 매체를 장악하고 있는 미국 내 유대인들은 보이지 않는 강력한 이스라엘 정부로 자리 잡고 있음을 부인할 수 없다.

아랍 제국의 검은 황금인 석유의 힘이 아무리 크다 한들 그 석유를 수송하고 세계에 공급하며 그로 인해 벌어들이는 오일 달러를 운영해 세계의 금융계를 장악하고 있는 것은 유대인이다. 유대

인의 힘은 도덕이나 윤리에 앞서 그들의 생존에 모든 것을 맞추고
있다.

힘이 지배하는 세계 질서를 누가 부인할 수 있을까? 평화는 제
힘으로, 제 땅을 지키는 자만이 누릴 수 있음도 가르쳐주는 것일
까?

뉴욕타임즈의 칼럼니스트 토머스 프리드먼이 쓴《베이루트에서
예루살렘까지》에 나오는 베두인족의 전설이 있다.

베두인족 노인이 칠면조 고기를 먹으면 젊어진다는 말을 듣고
칠면조를 사다가 키우게 되었는데, 어느 날 누군가 이 칠면조를
훔쳐갔다. 노인은 아들을 불러 잃어버린 칠면조를 찾아오라고 했
지만 아들은 그까짓 칠면조를 찾기 위해 수고로움을 감수할 필요
가 없다고 생각했다. 그 후 몇 주가 지나 이번에는 낙타를 도둑맞
았다. 노인은 다시 아들을 불러 낙타를 찾아오라고 했지만 이번에
도 아들은 대수롭지 않게 여겼다. 몇 주 후 노인은 말을 도둑맞았
고, 또 얼마 후에는 딸이 성폭행을 당했다. 그러자 노인은 "이 모
든 것이 처음 잃었던 칠면조를 찾지 못했기 때문이라"고 했다. "그
들이 내 칠면조를 가져갈 수 있다는 것을 알았을 때 우리는 이미
모든 것을 잃게 된 것이다."라고 말했다.

베두인족 노인과 칠면조 이야기는 맹수가 우글거리는 사막에서
살아가려면 경쟁자들에게 약하게 보이면 먹잇감이 될 수밖에 없다

는 것을 강조하고 있다. 중동의 사막 지역에서 부족 단위로 살아가는 사람들이 반드시 지켜야 할 냉혹한 생존의 가르침인 것이다. 물과 목초지가 부족한 사막에서는 자기 부족이 살기 위해 다른 부족을 희생시킬 수밖에 없다는 냉혹한 삶의 원칙을 잊어서는 안 된다는 것을 암시하고 있는 듯하다.

프리드먼이 강조한 이들의 또 한 가지 중요한 생존 법칙은 외부의 중재자나 법을 강제할 정부가 없는 사막에서는 누구나 스스로의 힘으로 살아갈 수밖에 없다는 것이다. 그래서 자신의 힘과 무자비함을 과시하고 다른 부족과의 연합을 통해 자신을 보호하는 방법을 부단히 찾아야 한다는 것이다.

베이루트의 비극과 참사를 온 세계는 규탄했고, 팔레스타인의 아픔에 위로를 보내면서도 정작 잘못된 힘을 꾸짖는 목소리는 들리지 않는 것이 오늘의 현실이다. 그러나 아무리 강한 힘도 자신과 내 나라를 지키기 위함을 벗어나 침략의 지배를 위한 것이라면, 그 힘은 자신과 상대 모두가 자멸한다는 역사의 가르침을 잊어서는 안 될 것이다.

북한이 핵실험과 장·단거리 미사일을 발사해 세계 평화와 우리의 안전을 위협하면서 우리나라와 미국, 일본, 중국 등 주변국의 반응을 예의주시하고 있으며, 중국과 일본, 러시아와 일본도 연일 그들의 영토권 분쟁으로 무력시위를 하며 자신들이 보유한 무력을 상대국에 과시하고 있는 형편이다. 국제 사회의 질서는 강

력한 힘만이 지배하는 것이며, 역사적인 사실이나 기본적인 원칙
은 차선의 방안 밖에 될 수 없다는 것을 결코 외면할 수 없는 것이
오늘의 현실이 아닌가.

우리에게도 꼭 필요한 것은 강한 힘 앞에 머리를 꼿꼿이 들고
더욱 강하게 꾸짖을 수 있는 힘을 보여주는 것이 아닐까 생각하게
된다.

안산(案山)

　일본은 우리나라에 지리적으로 가까운 이웃사촌이면서도 역사적으로는 매우 멀고 힘든 나라로 인식되고 있다. 상처는 세월이 지나면 아문다고 했지만, 일본이 우리 민족에게 남겼고 지금도 계속 던지고 있는 아픔의 상처는 불행하게도 세월과 더불어 더욱 깊어져가고 있다.

　더욱이 최근 일본 정치지도자들의 선동적인 언행과 이에 편승하고 있는 우경화 경향은 용납될 수 없는 일이며, 특히 진공청소기처럼 흡입력이 강한 다음 세대의 주인이 될 젊은이들에게 어떤 영향을 미치게 될지 매우 염려스러운 지경이 되었다.

　며칠 전에는 친구들과 식사를 하는 자리에서 일본에 대한 우리의 자세는 어떠해야 하는지에 대한 얘기가 있었다. 격한 감정에 편승한 강경론과 일본 내에서 바른 목소리를 내고 있는 지성인들에게 희망을 갖고 대륙의 큰마음으로 끝까지 인내하며 그들을 품고 가야 한다는 온건론으로 나뉘었다.

나는 지난 2011년 3월 11일 쓰나미가 쓸어버린 일본 열도의 참상을 똑똑히 기억한다. TV를 통해 중개된 상황은 한마디로 참담한 비극이었고, 무서운 공포를 직접 눈으로 체험했던 시간이었다.

지도를 보면 우리나라는 환태평양의 중심에 위치해 있는데 일본은 우리나라를 안전하게 감싸고 있는 활 모양의 튼튼한 방파제로 자리 잡고 있는 것을 확인할 수 있다. 매년 몇 차례씩 태평양 중심에서 발생하는 강력한 태풍과 그로 인한 온갖 재난을 막아주는 역할을 일본 열도가 감당하고 있는 것이다. 그것은 일본 국민들의 의사와는 관계없이 하나님께서 그렇게 하도록 지구를 만드신 자연의 산물이기 때문에 싫어도 그 역할을 감당해야 하는 하늘의 섭리인 것이다.

풍수에서는 일본 열도가 우리나라의 안산(案山) 역할을 감당하고 있다고 한다. 일반적으로 안산은 집터나 집단이 모여 사는 마을 터를 잡을 때 앞에 보이는 산을 말하는 것으로, 서울의 경우에는 북쪽에서 보이는 남산이 서울의 안산이 된다고 한다.

내가 어린 날을 보낸 고향 마을에도 동네 앞을 흐르는 탐진강 가에 높이 솟은 삼각형 모양의 산을 안산이라 불렀으며, 그 산은 개인이 소유할 수 없었고, 마을 공동 소유로 소중하게 관리하여 누구나 함부로 나무나 풀을 벨 수 없도록 하였다.

도선국사는 조선 시대에 풍수의 대가였는데, 안산을 사람의 얼굴에 비유해 '턱'과 같다고 했다. 우리가 대화 중에 사용하는 "어림턱도 없다"는 말이 여기에서 유래되어 사용되고 있다고 한다.

그동안 명당이라 불리는 땅이 갖고 있는 공통된 점은 터 앞에는 안산이 있으며, 그 안산은 턱으로서 막아주고 받쳐주는 역할을 잘 감당하고 있다는 것이다.

지난봄에는 역사 탐방을 위해 지방에 있는 몇 곳을 찾아가 볼 기회가 있었다.

도선국사가 마지막까지 살았다는 광양 백운산의 옥룡사 터도 절 앞에 솟아 있는 안산이 적당한 크기와 높이로 자연의 온갖 재해를 잘 막아주고 있었으며, 윤선도가 살았던 해남의 녹우당 앞에도 적당한 거리에 솟아 있는 안산의 역할이 있었고, 구한말 김일부가 학문을 닦았다는 계룡산 국사봉 밑에 있는 향적산방 터도 앞에 자리한 안산이 있어 좋은 기운이 빠져나가지 못하도록 막아줄 뿐만 아니라 외부로부터 들어오는 나쁜 기운과 재해를 막아주는 명당 터로 불리고 있었다.

여름철에 많은 사람이 찾게 되는 해수욕장도 앞에 섬이 있는 것과 없는 것은 매우 큰 차이를 보여주게 되는데, 앞에 섬이 있는 경우는 해수욕장에 모래가 모이고 거친 파도를 잔잔하게 하여 바다에서 발생하는 온갖 재해를 막아주지만, 앞에 섬이 없는 경우에는 확 트인 전망은 좋지만 모래가 수시로 빠져나가고 바람과 온갖 재해가 발생하여 좋은 해수욕장이 될 수 없다는 것이다.

우리는 2003년 태풍 매미가 몰고 온 재해를 생생하게 기억하고 있다. 부산 해운대는 앞에 있는 동백섬이 안산의 역할을 하고 있는데, 당시 많은 아파트 중 동백섬이 보였던 아파트에는 아무런 피해가 없었지만, 보이지 않았던 아파트는 4층까지 바닷물에 잠기는 침수 피해가 있었다고 한다.

2011년 일본 열도를 쓸어버린 쓰나미는 우리나라를 보호하는 턱으로서의 역할을 제대로 감당해주었다. 지구촌 곳곳에서 온난화로 인해 예측하기 어려운 상황들이 우리 모두를 어리둥절하게 만들고 있다. 계절이 바뀌고, 빙하가 녹아내려 바다 수위가 높아지고 있으며, 화산이 하늘 높이 치솟아 분진을 내뿜고, 쓰나미가 모든 문명을 한순간에 쓸어버리는 상황을 선명하게 보았고 확인할 수 있었다.

우리가 일본의 무모한 교만을 언제까지 인내해야 하는지? 그러나 아무리 뛰어난 권모술수의 정치적인 방법이나 재정적인 부요함도 자연의 섭리 앞에서는 한낱 조족지혈(鳥足之血)에 불과하다는 사실을 인정해야 할 것이다. 일본에 대해 지금 우리에게 필요한 것은 지나친 감정이나 얄팍한 정치적 판단이 아닌 자연에 순종하며 자연의 섭리에 따르는 겸손인 것이다. "일본을 어떻게 보아야 하는가?"라는 질문 앞에 "일본은 우리 한반도의 영원한 안산이다"라는 대답을 내놓을 수 있도록 일본이 우리나라를 보호하게 만들어주신 하나님께 감사하는 마음을 잊지 말아야 한다.

대도(大盜)

1983년 4월에 우리 사회는 악이 선으로 둔갑하는 기이한 현상을 볼 수 있었다. 당시 대도(大盜) 조세형에 대한 기사가 연일 언론에 대서특필되어 세간의 지대한 관심을 모았다.

조세형은 소설 속의 주인공처럼 대낮에 구치소에서 사라졌는가 하면, 그의 범행 수법과 범행 대상이 되었던 사람들, 그리고 범행 규모가 여느 도둑과는 비교할 수 없는 대도라는 칭호를 받기에 부족함이 없었다.

그는 태권도 5단의 실력을 지니고 있으면서도 범행하는 과정에서 사람을 해치지 않았고, 학교에서 정규 교육을 받은 적이 없었음에도 당시 재판장에게 보냈다는 명문(名文)의 탄원서와 단순 절도범이었으면서도 당시 법정 최고형인 무기징역을 구형받은 것, 그리고 남의 귀한 물건을 훔친 분명한 도둑이었음에도 의적(義賊)처럼 미화(美化)되었던 것, 훔친 금품을 뿌리고 다니던 중 길거리에서 구걸하는 어린이에게 10만원씩 손에 쥐어주었다는 것 등은 모든 사람에게 도둑이면서 무언가 신선하다는 느낌을 주었던 것이다.

그뿐인가? 그에게 막대한 재산상의 피해를 입은 사람들은 마땅히 동정을 받아야 함에도 오히려 비난을 받았으며, 사직 당국이나 피해자들은 피해액을 줄이려 했던 이해할 수 없는 일이 있었고, 피해자들이 자신의 신분을 숨기기 위해 본인의 이름을 부인이나 다른 사람으로 바꾸기 위해 범인의 동의를 구하기도 했다.

이것은 당시 암울했던 우리 사회에 옛날이야기로 전해져왔던 홍길동이나 임꺽정을 대신하게 하는 현대판 의적의 상징이 되었던 것이다.

어느 사회든 도덕의 기본은 남의 물건을 훔치지 않는 것이기 때문에, 도둑질은 죄가 된다는 것을 가르쳐왔으며, 그 가르침은 어떤 경우에도 변할 수 없는 보편적 정의의 기본이 되어왔다. 당시 도둑을 맞은 사람들은 보통사람들과는 확연히 다른 이들이었다. 높은 지위에서 권세를 누렸으며, 도둑으로부터도 매우 안전하다는 특별한 지대에서 경찰의 보호를 받았다. 조세형은 보기만 해도 몸이 오싹해지는 방범 장치와 경비원이 쉼 없는 순찰을 하고, 겹겹이 벽을 친 철옹성과 같은 곳을 뚫고 화재에도 안전하다는 금고문을 열고 갖가지 보화를 찾아 바람처럼 소리도, 흔적도 없이 사라졌다는 사실에 모두가 감탄하지 않을 수 없었던 것이다.

뿐만 아니라 보통사람으로서는 평생을 두고도 구경할 수 없었던 값진 보석을 가난한 모든 사람들이 볼 수 있도록 공개해주었다. 물방울 다이아몬드라는 것이 어떻게 생긴 것인지, 보석 속에 물방울이 들어 있는 것인지, 아니면 생긴 모양이 물방울 같은 것인지를 아무리 다투어 목소리를 높여본들 직접 보지 않고는 결론을 낼 수 없었던 것을 사진 한 장으로 명확하게 보여주었을 뿐 아니라 그 하나의 값이 당시 가장 비싼 줄 알았던 아파트보다 더 높다는 것을 알게 해주었고, 아파트보다 더 비싼 몇 억대의 반지를 낀 그 여인의 손가락은 기이한 천사의 손이 아니라 항상 젖어 있어야 했던 가난한 여인네의 손가락과 크게 다르지 않았다는 것도 확인시켜 주었다.

당시에는 외제 상품을 사는 데 소모되는 외화를 아끼기 위해 십여 만 원짜리 물품도 쉽게 반입이 허용되지 않았다. 당시 가정 주부들이 수년에 걸쳐 모은 돈으로 일본 여행을 갔다가 일제 밥통 하나를 사왔다는 이유로 신문과 TV를 통해 망신을 당한 여인네들도 있었다. 조세형 사건은 이러한 사건이 지극히 잘못된 방식의 일벌백계(一罰百戒)였으며, 이것이 얼마나 단편적인 눈가림식 처방이었는가를 만천하에 공포하게 한 것이었고, 외래품에 대한 비난의 대상이 왜 하필이면 보석도 아닌 밥통이었는지를 생각하게 하는 사건이었다.

우리나라는 1997년 IMF의 어려움과, 2008년 미국에서 시작된 세계 금융 시장의 붕괴를 지나오면서 가난한 자와 부유한 자의 격차가 크게 벌어졌다. 1960년대의 어려웠던 보릿고개는 너와 나 모두가 비슷한 수준에서 함께 극복해야 하는 가난이었기에 서로가 위로와 힘이 되었지만, 빈부의 격차가 심해진 상황에서 피할 수 없는 상대적 빈곤과 허탈감은 '대도(大盜)'가 '큰 도둑'이라는 언어적인 개념보다는 뭇 사람들에게 무엇인지는 모르나 대리만족 같은 쾌감을 느끼게 해주었던 것이다.

그러나 악이 가난한 자의 가려운 곳을 긁어주고, 가난한 자들의 누적된 아픔을 잠시나마 어루만져주는 수단이 되었다는 것은 지극히 잘못된 시대의 아픈 실상을 대변해준 사건이었다.

사람이 아프면 병원을 찾아 원인을 파악하고 치료를 받아야 하는 것과 같이 우리 사회의 병적인 현상도 먼저 정확한 원인을 찾아내는 과정을 반드시 거쳐야 한다. 지도자의 위치에 있는 사람들과 많은 돈을 소유하고 있는 부자들이 먼저 행여 떳떳하지 못해 깊숙이 숨기고 있는 것이 무엇인지를 명의를 찾아 객관적인 진단을 받아야 하는 것이다. 도둑은 분명한 도둑이기 때문에 사회적 규탄의 대상이 되는 것이 마땅함에도 불구하고 도둑이 의적으로 미화되는 원인 제공을 누가 했는가를 묻고 있는 것이다.

도둑은 자신의 노력과 수고로 얻은 것이 아니라, 남이 땀 흘려 씨 뿌리고 가꾸어놓은 결실을 자신의 소유로 만드는 파렴치한이기 때문에 마땅히 처벌의 대상이 되어야 한다.

성경에서는 남의 물건을 훔쳤으면 그 손을 잘라버리라고 했다. 중동 지역에서는 오늘날에도 도둑질한 사람의 손이나 발을 자르는 끔찍한 체형이 행해지고 있다고 한다.

우리 민족은 예로부터 의로움을 중시하는 민족이었다. 아무리 가난해도 남의 물건을 도둑질하면 동네 사람들이 모여서 도둑질한 자를 멍석말이로 두들겨 때린 후, 그 동네에서 살 수 없도록 추방했는가 하면, 한 해를 마무리하는 섣달그믐이 되면 이웃에게 꾼 곡식이나 돈을 다 갚았는지, 행여 농기구 같은 것을 빌려 사용하고 돌려주지 않은 것은 없는지 집 안을 샅샅이 정리했던 아름다운 풍습이 있었다.

나 역시 어린 날 우리 집 쪽 담장에 걸린 호박이 몇 개 있었는데, 어머님께서 그 호박은 우리네 열매가 아니므로 눈길도 주어서는 안 된다는 가르침을 받았었다.

최근 우리 사회가 많이 가진 자와 적게 가진 자의 갈등이 심화되어가고 있는 이 시점에서, 대도 조세형 사건을 다시 생각해보는 것은 매우 중요한 의미가 있다고 생각된다. 철저하게 금기되고 배척되어야 할 도둑이 어떤 이유로 만인의 동정을 받는 의적으로 미화되어 연민의 정을 받게 되었는지를 생각해보자는 것이다.

누구를 막론하고 수준이 다르고 생각이 다르다 하여 그들이 한 공동체의 구성원이 되는 것을 막거나 거부할 수는 없다. 우리 모두는 한 공동체를 이루는 소중한 구성원들이기 때문이다. 그렇다면 공동체가 살아 움직이고 성장할 수 있는 원동력은 무엇일까? 그것은 하나가 되는 것인데, 하나가 될 수 있는 것은 힘 있는 자, 부유한 자가 약하고 가난한 자를 이해하고 양보하는 관용에서 시작되는 것이다. 하나가 되지 못한 공동체는 분열과 갈등으로 약하게 되지만, 하나가 되는 공동체는 큰 힘을 발휘해 모두가 공생하는 성장을 이루게 되는 것이다.

우리 모두는 평안을 추구한다. 권세가 높고 많은 것을 소유했다 할지라도 그곳에 불안과 갈등이 있다면 그 삶은 불행한 것이다. 그러나 잡초 같은 천민으로 가난하게 살아가지만 서로의 존재를 인정하고 상대를 존중하는 배려로 큰 소리 없고 얼굴 붉히는 일 없이 평안을 누린다면 모든 사람들이 선택하고 싶은 세상이 되는 것이다.

진정한 행복을 묶어둘 수 있는 강한 끈은 땀 흘림이 있는 정직한 삶, 약한 자를 포용하고 감싸주는 따뜻함뿐이라는 소리에 귀기울이는 우리 사회가 되어야 한다.

6

저녁 노을

여름 나기

　지구가 온난화 되어가고 있는 것일까, 금년에도 여름 날씨가 크게 변했다. 지루한 장마가 사라진 대신 곳곳에서 물폭탄이라 불릴 만큼의 게릴라 형태의 폭우가 쏟아지고 있다. 예년 같으면 8월말부터 9월에 찾아왔던 태풍도 빨리 찾아오고 있다.

　서울 생활 50년이 넘었지만 나는 아직까지도 매년 여름철이 되면 언제나 나의 어린 시절 시골에서의 여름 나기가 생각나곤 한다.

　우리 집에서는 논농사를 지을 땅이 없어 벼농사를 짓지 못했기 때문에 7~8월이 되면 넓은 들녘에서 시원한 바람에 너울너울 춤을 추는 벼 포기 사이를 이리저리 휘저으며 잡초를 메는 농부의 모습은 부러움의 대상이었다. 논을 소유하지 못해 아파했던 시절, 내가 할 수 있는 일은 새벽과 아침과 저녁, 하루 세 번, 지게를 등에 지고 산과 골짜기를 찾아 풀을 베어 퇴비를 만드는 것이 주된 일이었다.

마당 한쪽에 풀을 모을 수 있는 터를 만들어 한 짐 한 짐 모으다 보면 어느새 작은 언덕 같은 퇴비 무덤이 만들어졌고, 그렇게 모인 퇴비는 밭농사를 지을 때 소중한 거름으로 사용되었다. 열심히 모은 퇴비가 쌓이고 쌓여서 어느 해에는 면(面)사무소가 선정하는 퇴비증산왕으로 뽑혔던 기쁨도 있었다.

그 당시에도 몇 가지 화학비료가 있었지만 가격이 비싸 대부분의 농가에서는 퇴비를 비료로 사용하였고, 특히 논농사를 짓지 못하는 농가에서는 퇴비 모으는 일이 여름철에 해야 하는 가장 큰 일이었다.

장터 대장간에서 빨간 불덩이에 잘 달구어 두들겨 빚어낸 낫 두 자루와 지게 머리에 매단 무명 수건은 내가 여름을 날 때면 언제나 나와 함께했던 소중한 필수품이었다.

새벽이 되면 집 앞 개울에 나가 부싯돌에 온 힘을 다해 낫을 갈아 날을 세웠고, 수건은 사용하는 횟수를 줄이기 위해 땀방울이 이마에서 줄줄 흐를 때가 되어야 한두 번 얼굴을 훔치곤 했었다.

땀이 온 몸을 흥건하게 적시어 흘러내리면 무거운 풀지게를 내려 작대기에 받쳐두고 나무 그늘 밑에 잠시 쉬곤 했는데, 그때의 시원함은 오늘날 뛰어난 기능을 자랑하는 어떤 에어컨 바람과도 비교할 수 없는 진짜 상쾌했던 시원함으로 기억된다.

우리 집에서는 콩과 고구마와 담배를 많이 심었다. 손이 많이 가는 작물이어서 어머니와 누나는 여름 내내 밭에 나가 저녁 늦은 시간까지 김매는 일에 매달렸기 때문에 저녁식사는 일을 할 수 없는 비오는 날을 제외하고는 손쉽게 만들 수 있는 밀가루를 풀어 만든 풀죽을 먹거나 다소 여유가 있을 때에는 조금의 수고를 더하여 밀가루 반죽을 손으로 뜯어내 만든 수제비를 먹었다. 그때는 몰랐지만 지금 와서 생각해보면 그 맛이 얼마나 좋았는지, 오늘날 어느 고급 레스토랑에서도 맛볼 수 없는 최고의 진미로 기억된다.

밤이 되면 향기로운(?) 냄새를 뿜어내는 퇴비 더미 옆에 놓인 대나무 평상에서 온종일 땀에 젖은 아버지, 어머니, 누나와 형이 함께 둘러앉아 저녁을 먹고, 집 앞 개울을 찾아 몸을 씻고, 모깃불을 피우고 금방 삶은 옥수수로 하모니카를 불었던 여유로움, 평상에 지친 몸을 쉬며 밤하늘의 별을 찾아 헤아리다 이내 피곤하여 잠이 들었던 그 여름날의 추억들이 지독한 그리움으로 찾아드는 것이 올 여름에도 변함없이 반복되었다.

사람은 너나없이 간사한 존재임을 부인할 수가 없다. 그래서일까. 대부분의 사람들은 편리함과 안락함을 추구한다. 과학 기술은 첨단을 부르고, 그 첨단은 최신의 또 다른 첨단을 부른다. 상상은 현실로 이루어지고, 시간을 다투며 쏟아지는 상품들은 신성한 노동을 거부하게 만드는 게으름으로 마땅히 흘려야 할 땀까지 막아버리고 있다.

잘 산다는 것은 땀 흘리는 것을 거부하는 것이 되어 육체노동은 가난한 나라 젊은이들의 몫으로 옮겨가고 있다. 옳은 것인지, 잘 못된 것인지 모를 일이다. 더위도 추위도 자연의 섭리에 순응하여 적응해야 함에도 자연에 대항하여 과학으로 싸우고 있는 인간의 한계가 어디까지 갈 것인지 두려운 생각을 갖게 된다.

짧게 살든, 오래 살든 고통 없이 살 수 있는 사람은 하나도 없다. 피하지 않고 순응하며 땀 흘림을 통해 얻게 되는 결실의 기쁨은 고난과 시련을 승리로 변화시켜 무한한 생명력을 갖게 되는 것이다. 그러나 주어진 환경과 자연의 섭리를 마다하여 땀 흘리는 것을 거부하는 게으름은 필연코 허약한 육체를 만들게 되는 것이다.

사람은 마땅히 땀을 흘려야한다. 아담과 하와가 선악과를 따 먹었을 때 하나님께서 아담에게 "네가 흙으로 돌아갈 때까지 얼굴에 땀을 흘려야 먹을 것을 먹으리니 네가 그것에서 취함을 입었음이라 너는 흙이니 흙으로 돌아갈 것이니라 하시니라"(창세기 3:19) 말씀하셨다. 그런데 사람들은 그 '땀 흘림'을 거부하려 한다. 땅을 갈고 씨를 뿌리며 가꾸어 추수하는 수고의 대가를 지불하지 않고 열매를 거두는 사람이 있다면, 그것은 남의 소유를 가로채는 도둑이 되는 것이다.

생명(生命)의 근원과 자연의 섭리를 부정할 수 있는 사람은 아무도 없다. 그 누군가 이것을 부정한다면 창조주 하나님의 다스림을 거부하는 것이 될 것이다.

나와 가까이 지내온 친구는 매년 삼복더위가 되면 돌아가신 어머니의 모습이 떠오른다고 했다. 동백기름으로 곱게 빗은 머리에 카랑카랑한 모시 치마와 저고리를 단정하게 입으시고 흐트러짐 없는 자세로 대청마루에 꼿꼿이 앉아 계셨던 그 모습을 다시 뵐 수 없어 마음이 아프다고 했다.

그러나 내 어머니의 모습은 언제나 흐트러진 머리에 낡은 무명 수건이 씌워져 있었고, 구겨진 무명 적삼과 검정 몸빼 바지 그리고 검게 그을린 얼굴의 억척스런 시골 아낙이었다. 그러나 햇볕에 검게 탄 땀내 나는 어머니의 정취는 모시 치마와 저고리의 우아한 그 어떤 어머니보다 더 크고 자랑스러운 모습이었다.

비 오는 날이면 모든 일손을 멈추었다. 닭장에서는 닭들이 쉼을 얻어 졸고 있었고, 돼지우리에서는 꿀꿀이들도 편한 잠을 잤다. 어머니는 부엌에서 밀가루 전을 붙여냈고, 콩과 보리를 볶아냈다. 뒤뜰 대나무밭에 떨어지는 빗방울이 하모니를 이루어 재잘거리듯 속삭이며 내 간장을 두드렸던 그날의 기쁨이 지금의 무디어진 마음과 굳어진 귓전에 다시 살아나 울리고 있다.

나에게 순전했던 삶은 언제였던가, 그것은 시골에서 땀 흘리며 자연의 섭리에 순응했던 여름나기였음을 이제야 알게 된다. 자연에 순응하여 투박하고 까칠하게 흠뻑 땀 흘렸던 그 맛과 멋을 어

떻게 자랑할 수 있을까? 나의 제한된 언어와 감정으로는 온전하게
표현할 수 없는 안타까움이 있을 뿐이다.

　창 너머 뒷산을 뒤덮는 빗줄기가 하얀 선을 세우며 세차게 퍼붓
고 있다. 비가 오면 모든 것 다 내려놓고 쉬라는 자연의 소리를 까
마득히 잊고 살아왔음도 깨우쳐준다.
　매년 여름 나기가 무척 힘들다고 하지만 나에게는 땀 흘렸던 그
립고 그리운 그날이 있었음이 소중한 자랑이며 기쁨으로 남아있음
에 감사드린다.

보이지 않는 손길

　나는 어린 시절을 가난한 환경에서 성장했다. 이러저러한 이유로 중학교 3학년 1학기를 끝으로 학업을 중단해야 했다.

　당시 나의 꿈은 무엇이었을까? 그때를 돌이켜보면 나는 아무런 꿈이 없었다. 농촌에서 하루하루를 땀 흘리는 노동에 파묻혀 지냈다. 열심히 일해서 논도 사고 산도 사서 비교적 먹고살 만한 집안을 만들어야 한다는 그런 꿈조차 없었다. 내가 처한 현실이 너무 빈약했기 때문에 꿈을 갖는 것조차 너무 사치스러운 것으로 생각되어 현실에 안주하게 만든 요인이 아니었나 생각되기도 한다.

　깊고 높은 뒷산을 오르내리며 새벽부터 저녁까지 나무와 풀을 베고 농번기에는 남의 집 일꾼으로 품을 팔았고, 땀 냄새가 진하게 베인 지게를 지고 똥지게를 날라 밭고랑에 뿌리는 것이 일상이었으며, 빈약했던 저녁상을 물리면 깊은 잠에 빠지는 것이 하루하루의 일과였다.

그러던 어느 날, 교회(1901년에 설립된, 대한기독교장로회 백양교회)에 수년 전 이 세상을 떠나신 강주원 목사님이 담임 목사님으로 오셔서 내 또래의 소년들을 성경 공부와 교양으로 깨우쳐 어려운 농촌을 계몽시키는 일꾼으로 양성하겠다는 신념으로 '새싹회'라는 이름의 동아리를 만들어 깨우침의 학습을 시작하셨다.

발행 몇 달이 지난 〈사상계〉와 희랍 철인들의 사상집, 파스칼의 《팡세》, 함석헌 선생이 쓰신 《뜻으로 본 한국역사》와 《인간혁명》 등 몇 권의 책이 골방이었던 목사님 서재에 꽂혀 있었고, 새싹회원이 된 우리들은 그 책을 빌려 나무를 베다가, 밤이면 호롱불 밑에서 짬짬이 읽고 또 읽었다. 모일 때도, 혼자 있을 때도 부르고 부르짖었던 새싹회 주제 찬송 "아침 해가 돋을 때 모든 만물 신선해"의 가사는 새싹회원 모두의 쉼 없는 간절한 기도가 되었다.

뒷산 큰 바위 밑 높은 언덕에 나무지게를 작대기에 기대놓고 서산에 붉은 자태로 아름답게 수놓아진 저녁노을을 수없이 보고 또 보았으며, 옹기종기 굴뚝마다에서는 구름처럼 뽀얀 연기들이 피어 올랐던 마을, 꼬불꼬불 한적한 신작로 자갈 길 위로 길게 늘어선 가로수 그늘들과 올망졸망 계단을 이룬 산골 다랭이논에 황금빛 물감으로 채색된 가을의 정취는 상상으로만 그렸던 낙원의 찬란함을 보는 듯 내 마음에 새싹을 움트게 한 옥토와도 같은 곳이었다.

지쳐 힘들고 고단했으면서도 하루 일을 마치면 교회 사택의 작은 골방에 모여 주제곡 찬송을 수없이 부르고, 기도드리고, 말씀

읽고, 말씀 들어 예배드렸던 시간들……. 봄이 되면 교회 앞뜰에 무슨 화초를 심을까, 긴 세월에 낡아진 종탑이 허물어지는데 어떻게 보수할까, 사택 땔감은 어떻게 채울까, 밭에 심은 콩과 채소며 유실수는 어떤 종자를 선택해야 소득을 높일 수 있을까, 의논하며 모이기를 힘써 기쁨과 평안을 함께했던 소중한 시간이었다.

눈이 오거나 비가 오면 농사일을 내려놓고 교회에 모일 수 있어 그렇게 좋았던 시간들, 많이 먹었던 고구마며 수제비와 풀죽, 새벽 기도회 종을 내가 먼저 치기 위해 밤잠을 지새우기도 했던 시간들과 눈이 쌓인 새벽에는 교회까지 가는 동네 길을 쉼 없이 쓸었던 기억들이 이제는 되돌릴 수 없는 소중했던 그리움으로 남아 있다.

시골 작은 마을 울타리를 벗어나지 못하고 흙에 묻혀 호롱불 밝혀 찬 마룻바닥을 지키며 살아가는 것이 당연한 삶으로 생각했던 나에게 큰 변화가 찾아왔다. 아버지와 친구이셨던 동네 어르신이 고향 마을에 다니러 오셨는데, 밥 피얼스(Bob Pierce) 박사가 6·25 전쟁고아들을 위해 광주에 중.고등학교를 설립하셨다는 소식이었다.

꿈만 같은 얘기였다. 나에게도 고등학교를 다닐 수 있는 길이 열리는 것인가? 이루어지기를 바라는 간절한 소망으로 며칠 밤을 지새웠던가. 가을 내내 깊은 산에서 베어 쌓아 놓았던 나무를 팔아 마련한 돈으로 그동안 납부하지 못해 중퇴했던 중학교 사친회

비를 완납하고 졸업증명서를 받았던 기쁨, 그리고 전쟁고아의 신
분이 되어 시작된 '광주숭의학사'에서의 고아원 생활, 미국에서
보내온 원조 식량 강냉이 죽으로 지탱해야 했던 3년의 배고픔, 배
불리 먹지 못해 영양실조로 학업 중단의 기로를 맞았던 순간, 방
학이면 기차를 무임승차하여 고학의 길을 수없이 다녔던 전주, 이
리, 나주, 영산포, 목포의 거리와 그곳에서 나를 도와주신 많은 손
길들로 인해 지금까지 잊을 수 없는 빚진 자가 되었다.

　학연과 지연이 지배하고, 가문의 재력이 힘이었던 시절, 내가
선택할 수 있었던 유일한 길은 처음 시행되었던 '공무원 공개경쟁
채용 시험'에 도전하는 것이었고, 그 이후 1968년부터 줄곧 38년
동안 한 우물을 파온 공직자 신분으로 살아오면서 끝까지 주경야
독의 길을 포기하지 않았던 인내의 삶이었다.
　생각해보면, 배고픔의 시련, 악한 길, 위험한 길로 빠질 뻔했던
유혹의 순간들이 많이 있었지만 용케도 그 길을 피하게 된 것은
언제, 어디서, 무엇을 하든 나를 지극히 염려하시는 하나님께서
나와 함께하신다는 사실을 믿고, 기도드렸던 나의 마음을 받아주
신 하나님의 은혜가 아닌가 생각한다. 이러한 하나님의 보이지 않
는 손길의 소중했던 사랑이 영원한 간증으로 내 마음속에 간직되
어 있다.
　나는 성경에 나오는 인물 중에서 특히 목동 다윗과 형들의 미움
을 받아 애굽에 팔려갔던 요셉을 무척 좋아했다. 어떤 동기가 있

었다기 보다는 그냥 성경에 나타난 그분들이 좋았을 뿐이다. 어느 땐가는 꿈속에서 이 분들을 만난 기쁨도 있었다.

사람이면 가져야 할 기본적인 것마저 갖추지 못한 나를 처음부터 다 알고 계셨던 하나님께서는 순전하게 응석부렸던 철부지를 궁휼히 여기셔서 친히 길을 인도하셨다는 내 나름의 확신을 갖게 된다.

헤아려보면, 지금까지 나에게서는 축복받을 만한 조그마한 그 무엇도 찾을 수가 없다. 십자가를 바라볼 때마다 부끄럽고 죄송스럽고 송구한 모습뿐이다.

그런데 분명한 것은 넘어져서 좌절하고 실망했는데 누군가 나를 일으켜 주었고, 포기했는데 좋은 결과를 주었고, 더도 덜도 아닌 최적의 때에 세워주었으며, 내 생각을 접게 하시고 새로운 길을 주신 인도자가 있었다는 사실이다..

가는 길은 보이기 때문에 세운 푯대를 향해 달려간다고 하였다. 나도 그렇게 생각했다. 그러나 그것은 틀린 답이었다. 가는 길은 보이지 않는 어두운 길이었다. 보이지 않는데 어찌 달릴 수 있을까, 보이지 않았기에 헤매고 넘어지고 아파하지 않았는가. 보이는 길은 오직 지나간 길, 되돌아보니 그때야 보였던 길이 아니었던가. 보였기에 후회와 기쁨이 추억으로 남지 않았는가.

"인생이 무엇이냐"는 질문을 받는다. 이제야 알게 된 것, "가는

길, 가야 할 길은 칠흑같이 어두워 보이지 않는 길이기에 그분의
인도함을 받지 않고는 한 발짝도 바르게 갈 수 없다"는 답을 남기
게 된다.

　이 시간 그리고 영원까지 위로하시며 인도하시는 보이지 않는
손길이 나와 함께하셨고, 앞으로도 함께하실 것을 나는 굳게 믿고
있다. 나의 꿈이 되신 하나님 그분께 무한한 감사를 드린다. '좋으
신 하나님을 제가 지극히 사모하며 사랑합니다. 감사합니다.'

분방(分房)

얼마 전에는 한동안 아내와 분방(分房)한 적이 있었다.

남편 내조와 삼남매 양육, 시부모님 봉양과 집안 대소사를 말없이 잘 감당했고, 수년 전부터는 손자손녀 돌보는 일까지, 생각해 보니 지금까지 아내는 너무 많은 일들을 충직하게 잘 감당해왔다. 그래서일까? 나에게 아내는 어제도, 오늘도, 그리고 내일도 변함없이 아프지 않고, 늙지도 않으며, 특별한 사정도 없이 모든 일을 잘 감당해야 하는 그런 사람으로 인식되어왔다.

그러던 아내가 요령을 부리는 것일까? 꾀를 부리는 것일까? 아니면 늙은 것일까? 쇠하여 진이 빠진 것일까?

"잠을 다른 방에서 자야겠다"고 했다. 의아스러웠는데 다시 묻는 것이 쑥스러워 "그래 알아서 하지."라고 대답했다. 그러나 끝까지 참아내지 못하고 이내 "왜?"냐고 물었더니, "감기 몸살기가 있는데 당신에게 옮길까 염려되기 때문"이라고 했다.

수요 예배와 교회 행사가 끝난 후, 병원 조문까지 마치고 집에 돌아오니 새벽 1시 무렵이 되었다. 곧장 잠이 들었으나 내 몸 안의 소변통이 가득 채워지는 신호에 잠을 깼다. 새벽 4시, 그 시간에 아내가 방문을 열고 안방 화장실을 찾는 것이 아닌가. 온몸에 땀이 흥건히 배어 목욕을 해야 한다고 했다. 그동안 이런 증상이 상당기간 지속되었다고, 동네 병원에서 약을 지어 먹었는데도 지금까지 좋아지지 않는다고 했다.

무언가 불길한 생각이 잠을 멈추게 했다. 새벽시간 급히 갈 병원을 찾아 서둘렀다. 병원에 도착하여 자동차를 세우고 앞서 걸어가는 아내의 뒷모습에 내 눈길이 멎었다. 너무 심하게 변해버린 아내의 모습이 나를 혼란스럽게 했다. 저렇게 왜소한 사람, 약한 사람이 아니었는데, 쇠잔한 사람, 병약한 사람으로 바뀌었구나.

나는 아내와 한 직장에서 연애하여 결혼했다. 결혼 얘기가 오갈 때, 우리 집안에서는 허약하여 장차 애를 낳을 수 있을지 염려하는 어른들이 있었다. 그런데 당사자인 나는 아내를 약한 사람, 허약한 사람으로 생각해본 적이 한 번도 없었다. 아담한 사람, 품으면 가슴 깊이 파묻히는 따뜻한 사람으로 마냥 좋게만 생각했다.

사실은 키가 조금은 작은 편이지만, 나는 그마저도 작다고 생각한 적이 없었다. 꾸밈없이 순전했던 아내의 모든 면이 좋았을 뿐이다.

그러나 아내의 생각은 나와는 달랐다. 젊은 날, 아내와 함께 길을 갈 때면 언제나 나보다 서너 걸음 떨어져서 뒤를 따르곤 했다.

왜 그러느냐고 화를 내면 남들이 볼 때 본인의 키가 작아서 당신에게 누가 될까 싶어 그런다고 했다. 그래서 그것이 습관이 되어 지금도 우리는 함께 나란히 걷는 경우가 드물다. 대개는 아내가 서너 걸음 뒤에서 따라오곤 한다.

아내는 결혼 후 딸 하나와 아들 둘을 낳았는데, 큰 어려움 없이 아이들을 순산했고, 또 잘 길렀다. 막내를 낳을 때 의사의 실수로 하혈을 많이 한 것 말고는 튼튼하고 강한 사람이었다. 나는 아내가 아이들을 낳을 때 병원에 가본 적이 없다. 아이를 낳는 것, 양육하는 것은 당연히 아내가 감당해야 하는 일로 여기며 살아왔던 나의 편협한 생각 때문이었다.

신혼 생활을 수유리 월셋방 한 칸에서 시작했다. 첫 딸을 낳고 시골에 계셨던 부모님께서 나와 살림을 합치자 하셔서 차남인 내가 아내의 동의도 구하지 않고 일방적으로 결정해 지금까지 모시고 있다. 아버지께서 돌아가신 후에도, 어머님을 모시면서 사는 것이 당연히 감당해야 할 자신의 도리로 받아들였고, 아직껏 불평 없이 지내고 있는 아내가 무척 고맙기만 하다.

내가 아는 아내는 이토록 튼튼하고 강하고 순전한 양 같은 사람이었는데, 갑자기 이상한 사람으로 보이는 것은 내가 늙고 쇠약해서일까, 머리를 흔들어 정신을 가다듬어 보았지만 아내의 모습은 바뀔 수 없는 실제 모습이었다.

아내는 참으로 예쁜 사람이었다. 연애시절 주변에 있는 사람들이 예쁜 여자라고 부러워했었다. 1960년대 주간 잡지가 처음 창간되어 붐을 이루었을 때, 《주간경향》에서 아내를 표지 모델로 싣겠다는 교섭이 있었다. 나의 반대로 무산이 되었지만 아무튼 많은 사람이 인정하는 예쁜 여자였다.

언젠가는 청파동에 있는 어느 사진관 진열대에 아내의 사진이 크게 걸려 있는 것을 발견한 적이 있다. 고등학교 2학년 때 찍은 증명사진을 사진관에서 크게 확대하여 진열할 만큼 예쁜 사람이었지만, 정작 나에게는 그냥 순하고 마음 착한 여자일 뿐이었다.

지금까지 40여 년을 함께 살아왔다. 어찌된 것일까? 아쉬웠던 기억들이 꼬리를 물었다. 우리는 신혼여행을 생각할 형편이 아니어서 결혼식을 마치고 난생 처음 자가용 승용차를 빌려 청평 방향으로 드라이브를 마친 후 장충동에 있던 한 호텔에서 첫날밤을 지냈는데, 그날 무슨 연유였는지 첫날밤을 다투었던 일이 지금까지도 짠한 미안함으로 남아 있다.

"모든 가능성을 열어놓고 검사를 해야 합니다. 산부인과부터 시작해 갑상선, 간, 콩팥, 폐, 암 여부를 확인하는 혈청검사 후, 위와 장 내시경 그리고 CT까지." 의사 선생의 말과 표정이 무언가 심상치가 않았다. 이제 손자 손녀가 여섯 명이다. 엊그제 출생한 손주 리현이까지 하루가 다르게 성장하고 있어 대견한 기쁨이었는데, 아이들이 커가는 속도만큼 아내의 늙음과 쇠함이 함께 온다는 사실이 야속할 뿐이었다.

이 땅의 삶은 잠시 보이다 없어지는 안개와 같다 했다. 이 땅의 삶은 헛되고 헛된 것, 그래서 해 아래서 나에게 주어진 모든 헛된 날에 사랑하는 아내와 함께 즐겁게 사는 것이 나의 일평생에 해 아래서 수고하고 얻은 분복이라는 가르침을 받았는데……

하나님께서 부르시면 지체할 자가 누구일까? 어느 누구라도 모든 것 다 내려놓고 빈손으로 가야 하는 것이 우리의 삶인 것을 보았고, 들었고, 그래서 알고 있지만 어리석게도 나와 내 아내는 예외일 것이라 착각하며 살아왔다.

육신의 장막이 무너지면 보지도 못했고, 듣지도 못했으며, 알지도 못했던 하늘나라에 마련된 신비로운 성(城)에 들어간다고 하셨다. 나는 믿고 있다. 내 아내도 확신에 거하고 있음을 믿는다. 그런데도 이 땅의 힘든 삶에 미련이 남아 있고, 잠시라도 아내와 함께 오랜 시간 머물고 싶어 하는 나의 소망이 영생에 대한 잘못된 위선으로 보아야 하는 것일까?

"하나님 아버지! 저는 믿습니다. 예수 그리스도께서 구원을 주셨고, 영생의 천국 시민으로 도장 찍어주신 하나님의 은혜를 확신합니다. 하오나 오늘, 지금 이 땅의 삶에 애착을 버릴 수 없음이 육신을 입고 있는 저의 고백인 것을 숨길 수 없습니다. 긍휼을 베풀어주시옵소서. 이제는 지금까지 저에게 입력된 아내의 그림을 수정하겠습니다. 고마웠다고, 미안했다고 인사하며 행동할 수 있는 시간을 제게 허락해주시길 기도드립니다. 머리숱이 많이 빠졌으니 머리 감고 말릴 때 힘주어 밀지 말라는 잔소리도, 허리가 굽었으니 허리 펴고 곧게 걷는 연습을 열심히 하라는 쉼 없는 간섭도 이제는 듣고 싶은 얘기로 경청하겠사오니 아내의 병약함이 제 눈의 안목에서 사라지게 도와주시옵소서!" 아멘.

아내를 위한 기도가 협소한 내 마음의 지경을 넓히는 밤이었다.

손자 교육

첫 손자 민재와 윤서가 초등학교 5학년이 되었고, 윤지, 민규, 민소, 리현이가 건강하게 잘 성장하고 있다.

나는 딸 하나에 아들 둘을 두었지만 이들을 어떻게 양육했는지 희미한 기억밖에 남는 것이 없다. 새벽에 출근하면 밤늦게 집에 돌아오는 날이 많았고, 주말에도 가족과 함께 했던 기억이 별로 없기 때문이다. 휴가철이 되면 휴가라는 말만 있었을 뿐, 제대로 된 휴가를 가져보지 못했다. 공직 생활 38년 동안 아이들과 함께 했던 휴가가 세 번이었던 것으로 기억된다.

그렇게 허겁지겁 살아오다가 얻게 된 손자 손녀가 여섯 명이니, 나에게 주어진 기쁨이 매우 크다. 이 아이들이 무럭무럭 자라는 모습은 하나님께서 주신 생명의 신비함을 직접 보고 느낄 수 있음에 그 어떤 것과 비교할 수 없는 크고 비밀한 선물로 깊은 감사를 드린다. 자식들에게 못했던 할아버지의 사랑을 한없이 주고 싶은 간절함과 이들이 성장하여 살아갈 세상이 어떻게 될 것인지, 이들에게 어떤 교육과 훈계가 필요한 것인지, 할아버지가 해줄 수 있는 것은 무엇이 있는지, 그리고 손주들을 무겁게 하고 있는 교육열은 온당한 것인지, 늘 생각하게 된다.

아침 9시경 학교와 유치원에서 시작되어 오후 3시경 수업을 마치게 되면, 또다시 계속 찾게 되는 수학·영어 학원, 축구교실, 그리고 또 집에서 개별적으로 배우는 미술, 음악 등으로 지쳐서 몸을 가누지 못하는 손주의 애처로운 모습을 볼 때면 이렇게까지 해야 하는 것인지, 지금의 교육이 온당한 것인지, 무엇인가 지극히 잘못되어가는 것 같은 오늘의 교육에 대한 걱정과 측은한 마음을 갖게 된다.

유치원생의 국어와 수학 학습 능력은 내가 공부했던 초등학교 4~5학년 수준이며, 특히 영어를 해독하며 말하는 수준은 고등학교 3학년까지 영어 공부를 하고도 외국인 앞에서 한 마디 인사말도 제대로 건네지 못했던 그 수준을 훨씬 뛰어넘는다. 그러나 이러한 실력을 보면서, 영특하고 대견하다는 느낌보다는 경쟁에 앞서기 위해 치열하게 애쓰는 아이들의 노력에 안타까운 마음이 앞선다. 며느리 말에 의하면 다른 애들도 그렇게 학습을 하고 있기 때문에 힘들다고 안 하면 뒤처지게 되고, 또 그렇게 경쟁해야 하는 현실에서 부모로서는 할 수 있는 한 최선을 다해 과외 수업을 시킬 수밖에 없다는 것이다.

얼마 전 유대인의 자녀 교육에 대한 새로운 사실을 알게 되었다. 유대인은 전 세계 인구의 약 0.2퍼센트이며, 미국에서는 약 2퍼센트밖에 차지하지 않는 적은 수이지만, 세계 명문이라는 하버드 대학생의 약 30퍼센트가 유대인이고, 역대 노벨상 수상자의 약 20퍼센트가 유대인이라고 한다. 특히 화학상의 경우는 2009년까지 유대인 179명이 수상했는데, 이들을 이렇게 성장시킨 것은 가정교육에서부터 시작되고 있다는 것이다.

유대인들은 부모와 자녀가 만나는 시간에는 언제나 대화가 이루어지는데, 부모는 자녀에게 많은 상상의 세계를 불러일으키게 하고, 자녀들은 부모에게 엉뚱한 내용의 다양한 질문을 할 수 있는 교육이 이루어지고 있다는 것이다.

학교에서 돌아온 아이에게 부모는 시험 점수나 등수가 얼마인지를 묻지 않고, 오늘 선생님께 어떤 질문을 했는지, 그 질문에 대한 토론 내용이 무엇이었는지를 묻는다고 한다. 그래서 어린 날부터 가정에서 시작되는 수수께끼와 같은 수많은 상상과 질문이 만들어져서, 질문과 토론이 새로운 가치를 창출해내는 아이디어의 보고가 되고 있다는 것이다.

우리가 찾아가는 도서관은 엄숙하고 조용한 분위기다. 행여 발소리가 들릴까 발끝을 세워야 하는 조심스러움, 혼자만 앉는 의자, 옆 사람과는 벽을 치고 침묵해야 하는 곳이 우리들의 도서관이다. 그러나 유대인의 도서관은 시끄럽고, 의자 배열도 우리와는 다르다고 한다. 3~5개의 의자가 서로 마주보게 배열되어 있고, 질문에 대한 관심을 함께하는 사람들이 모여 토론하며 서로의 생각을 공유하는 곳이 그들의 도서관이라고 한다.

유대인의 어머니들이 가정에서 빼놓을 수 없는 일과 중 하나는 자녀들이 잠들기 전, 그들의 침실을 찾아 자리에 누운 자녀의 머리를 쓰다듬으며 정신적인 안정과 평안을 나누면서 그 곁에 앉아 책을 읽어주는 것인데, 이것이 생활화 되어 있다고 한다. 책을 통해 자연의 아름다움, 상상의 무한한 세계, 인간의 존엄성, 정직과 성실했던 위인들을 배우고 새로운 인격을 형성시키는 참교육의 요람을 만들어내고 있다는 것이다.

아인슈타인은 유대인 가정에서 어머니의 교육으로 성장했다. 그는 어린시절 말을 제대로 하지 못하는 열등아였다. 학교에서는 다른 애들과 견줄 수 없는 지진아로 좋은 성적을 내지 못했으므로 담임 선생님은 생활기록부에 "앞으로 무엇을 하든지 성공할 가능성이 없는 학생"이라고 적었다.

그러나 아인슈타인을 잘 아는 그의 어머니는 조금도 개의치 않고 아들이 가지고 있는 집중력과 추리하고 깊이 파고드는 능력을 발전시킬 수 있도록 최선을 다했다고 한다. 아인슈타인은 훗날 "나는 머리가 좋은 천재가 아니다. 나에게는 남과 달리 무엇을 탐구하려는 의욕이 있었을 뿐이다."라고 회고했다. 반짝이는 머리로 토막 지식을 달달 외워서 시험 성적을 높이는 교육이 아니라, 생각하고 상상하며 추리하는 창조의 근원을 찾아내는 교육이 우리 모두가 바라는 가치 있고 살아 있는 교육이 아닐까?

유대인 어머니들이 자녀에게 자주 들려준다는 〈탈무드〉의 이야기가 있다.

어느 날 영리한 여우가 물고기들을 육지로 끌어내 이들을 잡아 먹기 위해 이렇게 말했다. "물고기들아, 너희들이 바다 속에 있으면 어부들이 너희들을 잡으려고 그물을 던지니 매우 위험하므로 이제부터는 모두 육지로 나와 우리와 함께 갖가지 신비한 것들을 보며 행복하게 살자."고. 그 말을 들은 물고기들이 모여 진지하게 토론했다. 여우의 말이 우리들을 위한 유익한 것이므로 육지에서 살자는 의견과 바다 속에서 사는 것이 위험하지만 그래도 조상 대대로 살아온 이곳을 떠날 수는 없다는 이야기, 영리한 여우의 말에 무슨 속임수가 있을 것이라는 의견 등.

이 이야기를 들려준 어머니는 이런 질문을 한다고 한다. "물고기가 물에서 나오면 어떻게 될까?", "사람이 살아가는 환경에 고통과 시련이 없는 곳이 있을까?" 그리고 "자신의 정체성을 확실히 알고 지켜가야지, 달콤한 유혹에 빠져 본인의 정체성을 망각하면 죽게 된다."는 교훈을 남기면서 본인 스스로 갖가지 질문과 답을 만들어 가게 한다는 것이다.

맑고 깨끗하게 자라고 있는 나의 손자 손녀들을 위한 참교육은 무엇일까? 남보다 하나를 먼저 알게 하여 경쟁에서 앞서게 하는 것, 방법이 원칙에 다소 맞지 않더라도 좀 더 편하고 안전하게 앞설 수 있는 방법을 가르치는 것, 눈치와 요령을 터득시키는 것, 그런 교육이 과연 옳은 것인지, 많은 생각을 하게 한다.

가장 중요한 교육은 길과 진리와 생명이 되신 여호와를 확실히 알아내는 지식에 거하는 삶, 우주 만물의 신비함 속에 살아가는 본인의 정체성을 확인하기 위한 끝없는 상상력과 질문을 갖게 하는 것이 아닐까? 함께 호흡하며 대화하며 더불어 살아가는 삶은, 먼 훗날 아름다운 이름을 남긴다는 것이 무엇인지를 쉼 없이 질문하고 답하는 삶이 아닐까? 그래서 손주들에게 성적을 올리는 것보다 더욱 중요한 것은 나만의 개성과 특성을 찾아 다른 사람을 모방하지 않는 인내의 삶이라는 것을 알려 주고 싶은 간절한 마음이 남는다.

박사 학위

2007년 3월, 수년 동안 서로 연락이 없었던 지인으로부터 전화가 있었다. 과학기술처에서 젊은 날을 함께 일했으며, 차관을 역임하셨던 분인데, 그분의 출신 도(道)에서 경제연구원 원장을 찾고 있는 중인데, 나를 적임자로 추천하였으니 도지사 만나 보기를 권유받았다.

나에 대한 배려의 감사한 마음에 며칠이 지난 후 도지사를 찾아 면담한 결과, 원장 자리를 오랫동안 비워둘 수 없으므로 1주일 후에 취임식을 갖자는 것이었다. 나는 경제연구원의 업무 계획서와 조직, 예산 내역서, 중점 현안 과제 등에 대해 자세한 설명을 듣고 필요한 자료를 받긴 했지만, 그동안 쉼 없었던 공직 생활을 접어두고 이제는 여유를 갖고 지난 일들을 정리하며 나만의 시간을 갖고 싶었는데 또 다시 일을 계속해야 한다는 걱정과 함께 나이 들어 아내와 떨어져 지방 근무를 해야 하는 것에 대한 부담감으로 그 자리에서 바로 수락 여부를 답하지 못하고 귀경길에 오르게 되었다.

몇 시간이 지났을까. 도지사 비서실장으로부터 전화가 있었다.

내용인즉 원장 임명을 서둘러야 하는데, 도의회 승인에 필요한 서류 중 박사학위 증명서가 있어야 한다는 것이었다. 나는 박사학위 공부를 하지 못했기 때문에 학위 증명서를 제출할 수 없다고 했다. 그는 매우 난감해하면서 쉽게 만들 수 있는 것이니까 어떻게 준비할 수 없겠느냐는 아쉬움을 말하며 중앙경제부처에서 고위직까지 역임하신 분이 어떻게 박사 학위를 갖지 못했느냐는 투의 얘기였다. 나는 모든 것이 원칙에 맞는 자리로 돌아가야 한다는 생각을 갖게 되어 도지사에게도 내 뜻을 전해 줄 것을 부탁하고 그 일을 맡지 않기로 했던 일이 있었다.

나는 공직에 있는 동안 일과 시간 중에 박사 학위공부를 한다는 것을 쉽게 용납할 수 없었다. 저녁 늦은 시간까지 근무가 계속되는 환경에서 퇴근 시간 2~3시간 전에 사무실을 비워야 하는 어려움이 있었기 때문이다. 당시 공직사회에서는 대학에 적만 두고 학위를 받는 여러 가지 방법들이 유행처럼 있었지만 떳떳하지 않은 일을 하는 것이 온당했던 것이었는지, 아니면 나 자신이 융통성이 없는 답답한 사람이었는지 지난 일을 다시 되돌아 보게 되었다.
사람을 채용할 때 그 사람의 경륜과 능력을 객관적으로 평가하여 판단하는 것이 중요한 요건이 되어야 하는데, 학위와 같은 외형적인 것들이 우선시되는 세태를 보며 안타까운 생각을 갖게 되었다.
이름 앞에 붙는 박사의 칭호에 따라 자신의 가치가 달라지고, 본질은 뒤로 하고 포장된 외형의 장식물로 평가받는 사회의 현실이 대학 간판을 얻기 위한 과열 경쟁을 부추기고, 가짜 박사학위를 양산함으로 자기만의 고유한 얼굴보다는 인위적으로 만들어진 외형이 인정받는 병든 사회를 만들고 있지 않는지 생각하게 되었다.

새끼를 낳은 어미 고양이가 새끼 고양이의 실제 생김새보다 더 크고 위엄 있게 보이게 할 수 있는 방도를 궁리하던 중, 고양이 이름 앞에 대명사를 붙여주기로 하고, 자신이 평소 부러워했던 호랑이가 생각나서 '호랑이 고양이'라고 이름을 지어주었다. 며칠이 지난 후 다시 생각해보니 호랑이보다는 하늘을 나는 용이 더 위대하다는 생각이 들어 다시 '용 고양이'라고 개명했다. 하지만 용은 비구름이 없으면 하늘에 오를 수 없음을 알게 되어 다시 '구름 고양이'로 개명하였고, 다시 구름은 바람 없이는 움직일 수 없으므로 '바람 고양이'로 개명을 했다는 것이다. 그러나 다시 생각해보니 바람을 막을 수 있는 것은 산이고, 산을 뚫는 것은 쥐이며, 쥐를 잡는 것은 고양이인 것을 깨닫게 되어 '산 고양이'로, '쥐 고양이'로 이름을 계속 바꾸다가 마지막에는 본래의 이름인 '고양이'로 돌아왔다는 이야기가 있다.

몇 년 전에는 성직자까지도 가짜 박사학위를 만들기 위해 부정한 방법이 사용되었다는 소식을 접했다. 나는 어렸을 때부터 하나님께서 택하여 세워 주신 '목사'라는 칭호를 무척 좋아했고 존경

하였는데, '목사' 그 이름 앞에 박사를 붙이면 더욱 성스러운 목사
가 되는 것인지, 참으로 기이한 세태가 되었다.

예수님께서는 낮아지는 자가 높아진다고 가르치셨다. 겸손한
자가 존경받는 자가 된다는 말씀이다. '예수' 이름 앞에는 아무런
수식어가 없다. 오직 '예수'이시다. 그럼에도 그분은 높임을 받으
셔서 20억 사람들이 오늘도 그분 앞에 무릎 꿇고 예배를 드리며
그분의 말씀에 귀 기울이고 자신을 돌아보고 있지 않은가?

잃어가는 우리 자신의 원래 모습을 어디서 찾아야 하는 것일까?
특정 대학의 간판을 얻기 위해 치열한 입시 경쟁을 거쳐야 하고,
거센 치맛바람과 선행 학습으로 사교육비가 세계에서 가장 많이
드는 나라가 되었고, 들추어내면 심한 냄새를 풍기게 될 가짜 박
사 학위가 만연한 나라가 되었다.

짙게 칠한 광대의 화장은 속임을 인위적으로 만들기 위한 것이
다. 화장을 말끔히 지워낸 여인 얼굴에서는 풋풋한 아름다움과 수
수한 진짜 향기가 배어 나온다.

불교의 '석가'도, 유교의 '공자나 맹자'도 순수한 이름만으로
인생을 바르게 가르치고 있다. 우리 사회가 나를 장식하고 있는
모든 수식어와 계급장을 내려놓고 나의 진짜 모습을 있는 그대로
평가받고 인정받는 그런 사회가 되었으면 얼마나 좋을까!

조상

지인의 부모님이 세상을 떠나셨다는 부고를 받고 조문하는 경우에, 고인의 생전 약력을 듣노라면 명문대학을 수학하셨고, 관계(官界)에서 높은 벼슬을 하셨거나, 독립운동가로 또는 6·25 동란 중 조국을 위해 살신성인하셨다는 말을 듣게 되는 감동의 자리가 종종 있었다.

그럴 때마다 잊고 살았던 내 조상에 대한 생각을 하게 된다. 조국을 위해 헌신하셨다는 것도, 드러내놓고 자랑할 만한 사회적인 업적도 남아 있지 않기에 내 스스로가 움츠러드는 위축감을 느끼게 된다.

부모님을 통해서 또는 어린 시절 동네 어른들로부터 들어 기억할 수 있는 나의 할아버지는 이러하셨다.

증조할아버지께서는 '홍은 벼슬'을 하셨다 하여 동네 어르신들이 나를 보면 홍은 할아버지 손자라고 매우 귀여워해 주셨다. 그러나 증조할아버지의 '홍은'이라는 벼슬이 어떤 벼슬이었는지 알아보았지만 나로서는 확인할 수 없는 벼슬을 하셨던 것 같다.

홍은 할아버지께서는 산 너머 성불리라는 작은 마을에 학당을 세우고 그곳에서 후학을 양성하셨는데, 수업을 마치고 밤늦은 시간 집으로 돌아오실 때에는 산 길에 있는 큰 바위에서 기다리고 있던 호랑이의 안내를 받아 집까지 돌아오셨다는 전설 같은 분이셨다. 그러나 기록이나 흔적이 남아 있지 않아 옛날이야기 속의 신비한 분으로만 알고 있을 뿐이다.

나의 할아버지께서는 외동으로 태어나셨는데, 훈장이셨던 증조 할아버지께서 정작 본인의 아들은 교육을 시키시지 않으셨다는 아리송한 애기를 전해 들었다.

3대까지 무녀 독남이셨던 홍은 증조할아버지께서 독자 아들을 교육보다는 일찍 장가보내 후손을 많이 보는 것이 소망이셨기 때문에, 학문을 가르치지 않으시고 일찍 장가보내 부모님 섬기며 농사를 짓게 하셔서 5남 1녀의 자식을 생산하셨다는 궁색한 말씀이셨다.

아버지는 6남매 중 넷째 아들이셨는데, 형제 중 유일하게 가난을 극복하기 위해서는 밖으로 나가야 한다는 생각으로 서당 교육을 마친 후, 1930년대 어린 나이에 밀항선을 타고 일본으로 건너가 갖가지 인생의 밑바닥을 체험하셨다. 청년이 되어 어머니를 만나 결혼하신 후 당시 유행처럼 일었던 넓은 땅 만주 바람을 타고 만주 길림에 정착하여 일본인 사업가들과 합작으로 금광과 많은 농토를 소유한 큰 부자로 가업을 일으키셨다. 마침 돈을 많이 모았다는 소문으로 당시 독립운동을 하셨던 분들과 접촉이 되어 고인이 되신 서민호 씨와 함께 독립운동을 하셨는데, 본인이 조선인임을 숨기고 일본인으로 위장하여 독립자금을 관리하셨으며, 평양의 한 여관에 서민호 씨와 함께 투숙하셨다가 일본 헌병대가 쏜 권총에 맞아 죽을 고비를 넘기셨다는 아버지의 후일담을 수차례 듣기도 하였다.

나는 요즘 우리나라와 세계사를 공부하면서 이런 깨달음을 갖게 된다. 자랑할 만한 업적과 이름을 역사에 남기고 있는 분들의 뒤에는 법과 질서를 지키며 말없이 순응하고 협력하며 자신의 소임에 최선을 다했던 수많은 민초들이 있었으며, 모든 업적은 민초들의 인내와 희생으로 세워졌다는 사실을 대부분의 사람들이 잊고 있다는 것이다.

자고이래로 이 땅의 삶 가운데 법과 질서를 철저하게 지키며 윤리와 도덕에서까지 자유롭게 살았던 사람들은 어떤 이들이었을까?

우리 사회는 크게 보면 두 종류의 사람들로 나누어볼 수 있다. 하나는 권력과 부와 명예를 갖고 지배의 위치에 있는 일부의 사람이며, 다른 하나는 약자의 처지에서 어렵지만 말없이 순종하며 자기 일에 충실히 살아가는 많은 사람들이다. 불행하게도 전자의 사람들 중에는 법과 질서의 범주를 넘어 군림하는 위엄으로 역사에 오점을 남기는 이들이 많았지만, 후자의 사람들은 법과 질서에 순응하여 윤리와 도덕에서도 좋은 흔적을 남겼지만 그 이름은 드러나지 않고 있다는 것이다.

이제 공직을 떠나 관중의 자리에서 많은 것을 보며 새로운 것들을 깨닫게 된다. 경쟁 속에서 선한 싸움을 무시하고 남을 희생시켜야 내가 설 수 있다는 생각이 지배하는 사회, 어느 쪽 사람이 되기 위해 부지런히 달려가야 하는 밤이 지배하는 끼리끼리의 문화, 힘 있는 사람 편에 쌓이는 온갖 투서와 모함들, 출세를 위한 끝없는 아부와 오리발, 그리고 끝없는 줄서기가 여전히 인정받고 용인되는 오늘의 현실을 직시하게 된다.

공직에서 선배, 후배, 동료의 위치에서 함께 일했던 사람들 중에는 자리에 대한 유혹과 돈의 마력에 휩쓸려 어제의 화려함이 한순간 무너지고 머리 숙인 죄인의 모습으로 뉴스를 장식하는 모습들을 보면서, 과연 높은 벼슬이 무엇이고 진정한 출세가 어떤 것인지를 생각하게 된다.

지극히 가난하여 배를 채우지 못했고 헐벗었던 시절, 땅을 파고 씨를 뿌렸지만 먹을 것이 해결되지 않아 초근목피로 연명하면서도 나라에 세금 바치고 법과 질서에 순응했던 조상이 자랑스럽게 생각되는 것은 한때 가졌던 열등의식을 위로받기 위한 궁색한 변명이 아니다.

좋은 역사는 이름 없이 땀 흘렸던 수많은 백성들을 초석으로 세워졌고 유지되어 왔다. 이것은 자기 일에 충직하며 법과 질서에 순응했던 지극히 낮은 사람들의 희생과 도움 없이는 어떤 지도자도, 어떤 권세가도 견고하게 설 수 없었다는 것을 말해 주고 있는 것이다.

현직에 있을 때, 연초가 되면 시무식을 시작하기 전 새벽 일찍 국립묘지를 참배하는 행사가 매년 있었다. 그때마다 경건한 마음으로 현충탑에 도열하여 헌화를 하고 나면 곧이어 역대 대통령 묘소를 찾았는데, 이제 돌이켜보니 정작 낮은 자리 비좁게 누워 계신 이름 없는 분들의 묘 앞에서는 참배하는 순서 없이 행사를 마쳤던 아쉬움과 후회가 남게 된다.

분명한 것은 이름 없이 살다 가신 낮은 백성 신분의 조상이 계셨다는 사실이 부끄러울 것도 섭섭해야 할 것도 아니라는 것이다. 이제 우리가 자손들에게 남겨야 할 것은 화려해 보이는 외적인 이름보다는 작은 일에 최선을 다했던 일상의 삶이 더 소중한 것이며, 과거의 빛나는 그림보다는 지금 그려지고 있는 수수함이 더 값진 것이라고 할 수 있을 것이다.

역사는 왕과 재상의 종자(種子)가 따로 있지 않고, 가난한 사람과 천한 사람이 구별되어 있지 않다는 사실을 교훈하고 있다.

세계의 모든 역사에는 옛날이나 지금이나 왕의 자손이 보통사람이 되고, 촌노의 가난한 후손이 높은 지도자가 되어 섬기는 순환의 역사가 있다. 조상이 남긴 유산이 분배의 다툼이 되어 천하보다 귀한 생명을 앗아가는 결과를 만들고, 높은 권좌에 있던 지도자가 욕심으로 인해 어두운 감옥에 갇히는 참담한 현실을 잊을 수도 없고, 잊어서도 안 되는 것이다.

이제는 우리 모두가 높은 곳만 주시하는 안목의 정욕을 겸손한 자세로 바꾸어야 한다. 가난하지만 오순도순 서로를 격려하며 따스하고 정직하게 살아가는 이웃들의 모습에 모두의 시선을 모아야 한다.

땅을 일구는 농사꾼, 고기를 잡는 어부, 쓰레기를 치우는 청소부, 그분들이 이 땅을 기름지게 만든 정직한 조상이었다는 사실은 이제 우리 모두가 인정해야 한다.

역사는 움직이기 때문에 어느 것도 한 곳에 오래 머물러 있지 않는다. 역사와 더불어 살아가는 인간들도 예외일 수가 없다. 일어서는 자는 쓰러질 때를, 넘어진 자는 일어설 때를 잊지 말아야 한다.

이제 우리는 자신의 생각을 낮추고, 행동을 조심하며, 마음을 다스리는 겸손과 정직이 가문의 유산이 될 수 있도록 마음을 비우고 낮은 위치에서 최선의 노력을 기울여 부끄럼 없는 조상의 자리를 남겨주어야 한다.

'경자' 누나

　2010년 1월 23일, 하늘은 온통 잿빛으로 하얀 눈이 산야(山野)를 덮었고, 내 육체와 마음의 일부가 떨어져 나간 비통한 날이었다. 누나가 숨을 멈추고 이 세상을 떠난 날이었기 때문이다.

　나는 집에서 10리 정도의 거리에 있는 중학교를 다녔다. 교통수단이 여의치 못했던 시절, 수업을 마치고 교실과 화장실 청소를 담당하는 날에는 밤늦은 시간에 인적이 없는 공동묘지를 지나야 하는 무서움 때문에 학교에서 5리 정도의 거리에 있는 외갓집에 가는 경우가 종종 있었다.
　마침 외갓집에는 한국신학대학교를 졸업하신 후 고향에 중학교를 설립하시고 후진 양성을 도모하시다가 늑막염으로 몸져 누워 계셨던 삼촌이 계셨는데 삼촌은 언제나 나를 반겨 주셨고, 틈틈이 영어와 웅변을 가르쳐 주셨기에 나는 외갓집에 가는 것이 너무 좋았다.

어느 날, 학교 수업이 끝나고 외가집에 가려는 시간에 동네 한 어르신께서 나를 찾아오셔서 할머니가 돌아가셨다는 소식을 알려 주셨다. 나는 할머니가 돌아가셨다는 의미를 잘 이해하지 못하여 할머니가 어디로 가셨단 말씀인가? 돌아가신 곳이 어디일까? 서둘러 집에 도착하니 울음소리가 대문 밖까지 들리고, 마당에는 누런색의 큰 천막이 설치되어 있고, 많은 사람이 여기저기서 웅성거리고 있었다. 할머니는 돌아가신 것이 아니고 죽으신 것이었는데, 죽으신 분을 왜 돌아가셨다 했는지 어린 날에는 이해하지 못했다.

누나가 돌아가셨다. 돌아가신 그곳은 고통도 눈물도 죽음이 또다시 없는 곳이라는 사실을 나는 굳게 믿고 있다. 누나가 돌아가시지 않고 죽으셨다면 누나에 대한 나의 아픔과 슬픔은 치유될 수 없는 응어리가 될 것이지만, 누나는 분명 저 하늘나라로 돌아가신 것이다.

나는 만주에서 태어나 누나와 형님, 그리고 부모님과 함께 그곳에서 어린 시절을 보냈다. 그러다 1945년 8월 15일 해방이 되자, 아버지를 일본 사람으로 생각했던 중국 사람들의 눈을 피해 깊은 밤에 누나가 나를 등에 업고 압록강을 건넜다.

누나는 초등학교 입학식 날 운동장에서 나눠주던 검정 고무신을 받아주려고 나를 업고 선생님께 달려갔고, 6 · 25 피난길 부모님의 생사를 알 수 없는 고아가 되자 시골 할머니 집과 작은아버지 집을 전전하며 머슴과 식모살이로 눈칫밥을 얻어 먹이며 동생들을 부양했고, 추운 겨울 밤 소죽을 끓이는 가마솥 앞에서 엄마 아빠가 보고 싶다며 울던 내 눈물을 따뜻한 손길로 닦아 주곤 했었다.

할머니와 작은아버지의 모진 구박을 피해 두 동생을 데리고 15리길 외갓집으로 가던 새벽 공동묘지에서 대창에 찔린 수많은 시신이 겹겹이 쌓여 있는 참혹한 현장을 지나면서도 치마폭으로 감싸며 우리를 안심시켰다. 외갓집 동네 어귀에 들어서자 우리를 알아본 어느 아주머니께서 "느그 외갓집 식구들 어젯밤 피난 가서 아무도 없응게, 느그들도 빨리 돌아가거라"고 말씀하셨고, 그 길로 우리는 시체가 쌓여 있던 그 길을 다시 지나 구박이 심했던 할머니댁으로 돌아와야만 했다. 누나는 부엌 일이 끝나면 산에 올라 나무를 베고, 논밭에 나가 열심히 일해 동네 어른들의 안쓰러운 칭찬을 받곤 했다.

얼마 후 엄마를 만난 우리 세 남매는 방 한 칸을 빌려 독립된 살림을 차렸지만, 누나는 생계를 위해 젓갈 장사에 나선 엄마를 대신해 두 동생을 거두고 집안 살림을 맡은 소녀 가장이었다.

지독히 배가 고팠던 봄날, 우리가 세 들어 살던 집에 제사가 있었다. 마루에서 준비한 제사 음식 냄새의 유혹을 이겨내지 못하고 주인집 골방에 들어가 그 귀한 음식을 얼마나 먹어치웠던지. . .

나의 잘못을 주인집에 빌고 빌던 누나의 모습은 잊으려야 잊을 수 없는 죄스러움으로 남아 있다.

휴전이 되고 얼마 지난 후 피난길에 계셨던 아버지가 돌아오셨다. 그제야 우리 가족이 모두 모이게 되었지만, 농토 한마지기 없이 어머니의 행상으로 연명해야 했던 가난한 삶은 계속될 수 밖에 없었다.

아버지께서는 전라남도 초대 지사를 지내셨던 서민호 씨와 독립운동을 함께 하셨던 인연으로 한청단장으로 활동하셨지만, 이제는 빈손으로 시골에 묻혀 가난한 삶을 살아야 했던 고통과, 가장의 역할을 대신해야 했던 어머니의 억척스런 행보로 인해 두 분 사이에는 갈등과 불화가 잦았고 그 중심에 있었던 누나의 일상은 참으로 힘든 나날의 연속이었다.

누나는 초등학교를 졸업하지 못했다. 6·25 동란 전에는 광주 학동에 있는 서석초등학교에 누나 손을 잡고 등교했던 기억이 있지만 피난 후에는 누나와 함께 학교에 갔던 기억이 없다.

중학교 시절 담임선생님은 아침 조회 시간마다 여학생들 앞에 나를 세우고 밀린 월사금을 안 가져온다며 꾸지람을 하셨는데, 그것이 부끄럽고 견디기 힘들어 아침이면 헛간이 있는 사립문 앞에서 밀린 월사금을 달라고 소리치며 울었는데, 그럴 때면 빠른 걸음으로 달려 나와 나를 달래주었던 누나였다.

누나는 생활이 궁핍해 어렵고 힘들었지만 언제나 밝은 모습이었고, 동생들에게 큰 소리나 나쁜 언어를 사용한 적이 한 번도 없었으며 부모님 앞에서는 언제나 동생들의 대변자였고, 자신의 주장을 내세우지 않는 털 깎이는 양 같은 사람이었다.

누나 나이 스무 살이 되던 해에 자신을 사랑해주며 인정해줄 한 남자와의 연애가 시작되었다. 부모님이 뼈대 있는 집안을 내세우며 결혼을 반대하시자 생애 처음 부모님 말씀을 거역하는 지경까지 이르렀다. 생각해보면 이 시점이 누나의 삶에 불행을 가져오게 된 씨앗이 되지 않았나 하는 안타까움이 남는다.

결혼도 하지 않고 아이를 가진 누나는 동네 사람들의 수군거림을 피하기 위해 질긴 무명천으로 겹겹이 자신의 아랫배를 동여맸고, 가통을 내세우신 부모님의 자존심 앞에서 절규하며 울부짖던 누나의 모습이 지금도 내 눈에 선하다.

서리가 내리던 늦은 가을 동네 사람들의 눈을 피해 목포에 있는 어느 조산소를 찾아 버스를 서둘러 타셨던 어머니와 누나의 새벽길, 늦은 밤 집에 돌아와 만신창이가 된 몸으로 자리에 누웠다가 다음 날 새벽에는 아무 일이 없었다는 듯이 부엌에 나가 밥을 지으며 가족을 섬겼던 누나였다.

한 여자로서 누나의 몫은 무엇이었을까? 행복한 삶을 위해 배필을 맞나 인정받고 사랑받고자 했던 누나의 선택이 왜 아무것도 내세울 것 없는 가문의 체통 때문에 갈기갈기 찢기는 아픔이 되어야 했는지.

　자식 이기는 부모 없다고 했는데, 우리 부모님은 특별하셨다. 끝내 부모님께 백기를 들고 항복할 수밖에 없었던 누나는 서울행 완행열차에 미지의 삶을 맡겼다.

　몇 달이 지난 후 어머니가 서울에 다녀오셨는데, 누나가 봉제공장 사장을 만나 결혼했다고 하셨다. 부모님은 누나에 대한 그동안의 염려가 사라진 듯 한결 편안해 보였고, 나는 교회 차가운 마룻바닥에 엎드려 누나가 정말 행복하게 살도록 하나님께 간절한 기도를 드렸다.

　누나의 일생은 운명적으로 복이 없는 것이었을까? 남편의 폭음과 폭력, 반복되는 사업 실패, 먼지투성이 봉제공장에서의 힘든 노동, 찢어지게 가난했던 달동네의 비통함이 전부였다. 첫아들을 낳았지만 직접 양육할 수 없어 시골 집에 어린 자식을 맡겨야 했던 이산의 아픔도 감내해야 했다.

　그래도 남들에게는 누나가 서울에서 공장을 경영하는 사장님과 결혼하여 잘 살고 있다고 자랑할 수밖에 없었던 우리 집안의 허세와 거짓이 진실을 덮고 있었다.

　나는 군대 생활을 경기도 전곡에서 시작했다. 첫 휴가를 받고 찾아가 목격했던 누나의 삶은 실망을 넘어선 비통함이었다. '서울에도 이런 곳이 있구나' 싶을 정도로 오리 소리만 요란했던 그곳에서 누나는 살고 있었다. 당시 답십리는 농사일과 오리 기르는 일을 주업으로 하는 사람들이 모여 사는 동네로 내가 자란 시골보다 더 삭막하고 가난해 보였던 그곳에서 어느 집 사랑채 한 칸을 빌려 살고 있었다. 군에 간 동생이 찾아왔다고 반가움으로 자신의 부끄러움을 애써 감추려 했던 비쩍 마른 누나의 모습에 눈시울이 뜨거울 수밖에 없었다.

정성껏 지은 쌀밥에 소고기국과 가게에 달려가 사 온 몇몇 과자는 그 무엇과도 비교할 수 없는 누나의 성찬이었고, 누나의 맛이었다. 밤이 새도록 아버지 어머니께 보낼 선물을 챙기고, 매형 눈을 피해 구겨놓았던 지폐를 내 손에 꼭 쥐어주었던 누나였다.

모질게 질긴 남매의 정, 서로를 당기는 혈육의 끌림이었을까? 나는 휴가를 나올 때는 매형의 따가운 눈총을 무릅쓰고 누나를 찾았고 언제나 변함없이 반겨 거두어 먹이고 챙겨주었던 누나의 따뜻했던 마음을 내 어찌 잊을 수 있을까?

1967년 11월, 당시 청계천 철거민이 이주했던 상계동 천막촌에는 누나네 식구와 시부모님이 함께 살고 계셨다. 공무원 채용 시험 합격자 명단에 내 이름이 인쇄된 신문을 사들고 누나를 찾았을 때, 공무원이 무슨 직업인지 잘 모르면서도 그토록 기뻐 박수치며 눈물 흘리던 누나였다. 누나는 나에게 유일한 안식처였으며, 피난처가 된 나의 둥지기 되어 내가 공무원 발령을 받고 얻었던 집도

누나네 집 근처에 있는 답십리 산동네 무허가촌이었고 밥 짓는 것
도, 반찬도 빨래도 누나가 도맡아주었는데, 언제나 싫은 내색이나
귀찮은 표정 하나 없이 오히려 까탈스러운 내 눈치를 살피며 나의
종처럼 살았던 바보였다.

　언젠가 청량리에서 셋방살이를 하던 누나를 찾았을 때, 예쁘던
얼굴에 파랗게 멍든 자국들, 입가에 응어리진 핏자국, 몸조차 자
유롭게 움직이지 못했던 누나에게 "이제는 바보 같은 삶을 정리하
고 누나만의 삶을 회복하자"는 나의 설득에, 그렇게 하겠노라는
약속을 받았지만, 아무리 생각해보아도 어린 자식들을 생각하니
그렇게 할 수 없었다고 눈물 쏟아 동생에게 미안하다고 울부짖던
누나였다.

　먹고사는 것이 어렵고 아이들 학비 마련이 힘든 형편에서도 동
생에게 아쉬운 얘기하는 것을 그토록 힘들어 했던 누나가 이제는
이 세상에 안 계신다.

　누나가 세상 떠나기 2년 전, 매형이 교통사고로 돌아가시자 자
신에게는 매형이 돌아가신 그날 이후 2년의 삶이 가장 행복했고
좋았던 시간들이었다고 스스럼없이 털어놓으셨던 병상에서의 고
백은 그동안의 삶이 얼마나 힘들었는지를 충분히 짐작케 했다.

　암이 온몸에 퍼져서 수술도 할 수 없는 최악의 상태임에도, 회
복되어 동생 차를 타고 우리가 살았던 시골 백양리에 가겠다고 마

지막 희망의 끈을 놓지 않았던 누나는 끝내 꿈을 이루지 못하고 이 세상을 떠났다.

고향을 다녀와서 우리 삼 남매가 외국 여행을 함께하자 했더니 사진도 찍고 여권을 준비하겠다던 누나는 병상에서 일어나지 못했고 영안실 차가운 냉동실에 본인의 육신을 남겼다.

누나는 평생을 딸린 식솔들을 거두어 살리기 위해 온갖 시련을 나약한 몸으로 끝까지 인내했으며, 남편의 사랑이 무엇인지 느껴 보지도 못한 채 가난과 폭력으로 고통 받은 일생이었다. 숨을 거두는 그 순간까지도 아들과 딸에게 부모 역할을 제대로 해주지 못해 미안하다며 아파했던 누나의 진한 눈물이 내 가슴을 적신다.

기구했던 한 여인의 삶이 남겨주는 의미는 무엇일까? 바보 같은 사람, 자신을 부인하고 주변 사람들을 위해 희생하고 헌신했던 사람, 모든 고통과 아픔을 자신이 져야 할 운명으로 감내하며 극복했던 사람, 부모님에게도 형제에게도 자식들과 집안 친척 누구에게도 미안하다며 머리 숙였던 사람, 그렇게 살다가 이 땅을 떠난 사람이 이 지구상에 하나밖에 없는 나의 누나였다.

울다가 울다가 울음이 진해지면 피를 토하면서까지 울다 마침내는 피가 다하여 죽는다는 김소월의 시 〈접동새〉가 있다.

접동 접동
아우래비 접동
진두강(津頭江) 가람가에 살던 누나는
진두강 앞마을에 와서 웁니다.

옛날, 우리나라
먼 뒤쪽의
진두강 가람가에 살던 누나는
의붓어미 시샘에 죽었습니다.

누나라고 불러보랴
오오 불설워
샘에 몸이 죽은 우리 누나는
죽어서 접동새가 되었습니다.

아홉이나 남아 되는 오랩동생을
죽어서도 못 잊어 차마 못 잊어
야삼경(夜三更) 남 다 자는 밤이 깊으면
이 산 저 산 옮아가며 슬피 웁니다.

　삼동이 가고 눈 녹은 산야에서 자신의 모습을 숨기고 피를 토하
는 소쩍새의 울음소리가 고독했던 누나의 영혼이 못다 부른 노래

처럼 아련한 설움으로 들려지는 것은 어찌된 심산일까?

이제 나는 비가 억수로 퍼붓는 여름날을 맞았다. 누군가 내 우산을 빼앗아 가버린 황당함을 느낀다. 누나는 비가 오는 날 정거장에서 따스한 온기가 남아 있는 우산을 내게 건네주신 분이었다. 지금 비가 세차게 내리는데 내가 내릴 정거장에서 나를 받쳐줄 우산은 누가 준비하고 있을까? 자신은 비를 흠뻑 맞으면서도 힘들어하지 않고, 나만을 위해 따스한 온기를 건네주었던 그 누나가 이제는 내 곁을 영영 떠나셨다.

누나, 누나는 참으로 크고 위대한 흔적을 이 땅에 남기시고 떠나신 나와 우리 집안의 자랑입니다. 누나에게 해드리지 못한 것, 좀 더 잘하지 못한 것이 너무 많아 후회가 됩니다.

언젠가 나도 가야 할 우리의 본향에서 다시 만나는 그날, 환한 미소가 가득한 누나를 보고 싶어요. 누나 존경해요. 그리고 사랑합니다.

저녁 노을

정말로 살기 힘들었던 때는 먹을 것이 부족하여 보릿고개의 가난했던 시절이었을까? 아니다. 진짜 힘든 것은 먹을 것이 없고 경제가 어려워서가 아니라 사람답게 사는 것이 무엇인지, 이 땅에서 내가 자랑스러워 할 것이 무엇인지를 알 수 없었을 때가 아니었을까?

닥치는 대로 먹어 이미 배가 부른데도 여전히 배고프다고 불평하는 심리적인 배고픔에서 벗어나지 못하는 게 오늘날 우리들의 삶이 아닌가.

돈, 재물은 우리 삶에 매우 중요한 것이지만 그 돈으로는 영혼을 살 수 없으며 삶의 기본 가치나 목적과도 바꿀 수 없다. 우리가 경험하게 되는 고통과 혼란은 돈이 없기 때문이 아니라 돈만 있으면, 경제만 잘되면 무엇이든 다 할 수 있다고 믿는 물질 우상에서 시작되고 있는 것이다.

우리의 간절한 소망은 돈도, 어떤 힘도 아닌 사람답게 사는 것이 무엇인지를 알아 서로가 상대를 인정하여 자기 자리에서 내가 해야 할 최소한의 기본을 알고 그 기본에 충실히 살아갈 수 있는 여건과 환경이 조성되는 그것이 아닐까 생각하게 된다.

그동안 상당히 긴 여정을 달려왔다. 때로는 바쁘게, 때로는 힘들게 왔는데 남는 것이 어떤 것인지를 생각하게 된다. 그러나 안타깝게도 남는 것이 별로 없고 셈해볼 것도 많지 않은 허무함만 남겨야 할 시간이 가까이 왔다.

무엇보다 여기까지 오는 길이 힘들었지만 뒤를 돌아보니 그러지 않았어야 했었는데, 왜 그랬었나 하는 아쉬움이 크게 남는다. 늙어도 내 영혼만은 결실하며 진액이 풍족하고 고운 색으로 남아야 한다는 소망을 다시 굳게 잡는다. 내 인생의 석양이 가까워 저녁노을이 질 때, 황량한 들녘 어느 지점에 서서 지난날을 돌아보며 감사의 기도를 드릴 수 있는, 그래서 장 프랑수아 밀레(Jean-Francois Millet)의 〈만종〉이 나의 '만종'이 될 수 있기를 바라는 간절한 소망이 있었지만, 세월을 더하면서 이 땅에서 살아가는 요령에 더욱 익숙해진 흔적들만 굳은살로 남아 있다.

계절이 수없이 바뀌고 세월이 바람처럼 지나갔다. 누군가를 미워한 적이 더 많았고 기뻤던 일들도 헤아려 보지만 슬퍼 눈물 흘렸던 때도 많았구나. 언젠가는 분하고 서러워 땅을 쳤던 몸부림도 있었지만 이내 까맣게 잊고 무디어진 마음으로 지금까지 살아왔다. 망각이 아쉽지만 만일 잊어버리지 않고 지금까지 기억하며 살아왔다면 그 또한 얼마나 힘든 것이었을까.

　아버지가, 누나가 이 땅을 떠나신지 이미 오랜 일이 되었다. 밤새 안녕이라 했던가. 나와 관계를 맺었던 분들의 부음(訃音)도 그동안 많이 접했다. 나는 병들어 죽을지, 사고로 죽을지 알 수 없는 미지의 삶을 살아가고 있다. 나의 히스토리는 무엇이며 어떻게 기록될 것인가. 과거는 죽어버린 것이고 미래는 없는 것, 그래서 남게 된 오늘 현재는 어떤 색으로 채색되어 쌓이게 될지 모른다. 나에게는 내가 있기 전에 나의 조상이 있었고, 나의 뒷자리는 내 후손이 살아갈 것이다. 그래서 역사는 지구가 존속하는 한 단절 없이 계속 이어져가는 것을 잊지 말아야 하지 않을까. 분명한 것은 가까운 어느 날 나도 이 땅을 떠나야 한다는 사실이다. 죽어 묻힌 무덤 앞에 세워질 비석에는 어떤 글이 새겨질 것인가.

　제네바 여행길에 존 칼빈(John Calvin)의 묘소를 찾아갔던 어느 목사님의 이야기다. 제네바의 여러 공동묘지들을 헤매며 겨우 칼빈의 묘지를 찾았는데, 묘지 앞에는 J. C라는 글자만 희미하게 쓰여 있을 뿐 아무런 글씨도 보이지 않았다. 목사님은 너무 섭섭한 마음에 관리인에게 훌륭한 목사님의 묘소를 너무 소홀히 하는 것 아니냐고 물었다. 그 말을 듣던 관리인은 빙그레 웃으며 이렇게 대답했다는 것이다. "칼빈 목사님의 소원이 바로 이것이었습니다. 그분은 오직 하나님 영광을 위할 뿐 자기 자신을 나타내는 어떤 것도 용납하지 않으셨습니다." 그래서 이름만 알 수 있도록 나무에 이니셜 두 자만 표시하게 되었다는 것이다. 이 말을 들은 그 목사님은 큰 감명과 충격을 받았고, 과연 칼빈다운 생각이었음에 다시 한 번 머리를 조아렸다고 한다.

내 삶은 자신을 드러내기 위해 스스로를 높이며 자랑하기에 급급하지는 않았는지, 하나님 앞에서 참으로 부끄럽고 송구한 마음이 앞선다. 오늘날 많은 사람들이 이렇게 말하고 있다. "칼빈의 무덤에 기념비는 없으나 오늘 세계 모든 사람들의 마음에 새겨진 그분의 이름은 남아 있다."고. 나를 아는 지인들의 마음에 새겨질 비문을 어떤 내용으로 남길 수 있을지, 두려움이 앞선다.

저녁노을에 비낀 감사의 기도가 너무 아름답게 보이는 것은 이 땅에서 가장 자랑스러워할 것이 땀 흘려 땅을 일구며 정직과 겸손과 감사함으로 살아가는 것임을 깨우치는 가르침이 아닐까. 많지 않은 남은 시간을 정직과 겸손과 감사로 비쩍 마른 내 영혼을 살찌워서 사람답게 살았다는 흔적을 남기기 위해 나의 느린 걸음을 재촉해야겠다.

기차를 기다릴 때는 여유가 있어 주변 경관의 아름다움도, 오고가는 사람들의 정다움 그리고 자연의 소중함이 내 시야에 들어온다. 그러나 이제는 목적지가 가까워 내릴 때가 되었다. 행여 조급함과 당황함으로 내 보따리를 두고 내릴 수도 있음을 대비해야 한다. 이제는 달리는 기차에서 내릴 채비를 서둘러야겠다. 내가 가

야 할 목적지가 가까이 왔음을 알려주고 있는데, 챙겨야 할 내 보
따리에 정직과 겸손과 감사가 담겨져 있기를, 그래서 나와 관계가
형성된 모든 사람들의 마음에 새겨질 내 이름 석 자가 내 기념비
를 대신할 수 있기를 간절히 소망한다.

마음과 뜻과 정성과 온 힘을 다해 남기게 되는 말 "감사합니다.
그리고 사랑합니다."